개정판

뉴 스마트
일본어

저자 정현혁

감수 사카이마유미

제이앤씨
Publishing Company

머리말

　이번에 『뉴 스마트 일본어』(2018)교재의 개정판을 내게 되었다. 기본적인 구성은 기존의 교재와 크게 다르지 않게 명사문, 형용사문, 동사문으로 나누어 흔히 사용하는 문형을 제시하여 실생활에 바로 사용할 수 있도록 하였다. 여기에 기존에는 없었던 [프레이징 발음연습]과 [섀도잉 연습]을 두어 학습자가 원어민의 음성을 듣고 몇 번이고 반복하여 자연스러운 일본어 발음을 할 수 있도록 구성한 것이 특징이다.

　1과부터 3과까지는 일본어 문자와 발음, 4과부터 6과까지는 일본어 명사문, 7과부터 9과까지는 일본어 형용사문, 10과부터 13과까지는 일본어 동사문으로 구성하였다. 1과부터 3과까지의 일본어 문자와 발음 부분에서는 다른 초급교재와 차별되게 일본어 문자와 발음을 원어민 음성과 함께 구체적으로 철저하게 학습할 수 있도록 심혈을 기울였다. 4과부터 13과까지의 구성은 우선 단어학습을 한 후 표현학습, 어구학습, 문법학습을 거쳐 그 과에서 배우고자 하는 사항을 익히고, 표현학습에 나왔던 표현의 일부를 원어민 음성을 들으며 프레이징을 이용하여 발음해 보고 또 원어민과 같은 속도로 소리 내어 발음해 보는 섀도잉 연습을 하는 순으로 꾸몄다. 이 연습이 끝나면 한국인이 어렵게 느끼는 수사 및 조수사를 원어민 발음과 함께 학습할 수 있도록 하는 보너스 학습을 하고 최종적으로 연습문제를 통해 자신이 배운 것을 점검해 보도록 하였다.

　일본어 초급학습자들이 이 교재를 필자의 의도대로 사용하여 일본어 실력이 향상되기를 바란다. 끝으로 이 교재가 출판되기까지 흔쾌히 감수를 수락해 주신 저명한 한일대조음성연구자이시며 덕성여자대학교의 사카이 마유미 교수님과 많은 배려와 노고를 아끼지 않으신 제이앤씨의 윤석현 사장님께 이 자리를 빌어 감사의 말씀을 드린다.

2024년 1월
이문동 연구실에서
정현혁

목차

문자와 발음 Ⅰ

히라가나와 오십음도, 일본어의 로마자표기

학습내용

▌ 히라가나와 가타카나의 유래 및 발생
▌ 오십음도(五十音図)의 유래와 규칙
▌ 히라가나 오십음도의 발음
▌ 히라가나 쓰기 Ⅰ
▌ 일본어의 로마자표기

1 히라가나와 가타카나의 유래와 발생

(1) 히라가나(平仮名)의 유래와 발생

히라가나(平仮名)는 만요가나(万葉仮名)를 간략화한 소가나(草仮名)를 더욱 간략화 해서 만든 것으로 9세기 전반에 생겨나 9세기말에서 10세기 전반에 문자체계로서 성립하게 된 것이다. 이 문자는 일상적으로 문서나 기록물을 만들고 서기활동을 하던 남성귀족관료나 큰 절을 중심으로 한 불교학승들에 의해서 만들어졌을 것으로 추정된다.

히라가나(平仮名)는 초기에는 1음절에 대해서 많은 이체자(異体字)가 존재했었으나 가마쿠라(鎌倉)・무로마치(室町)・에도(江戸)시대를 거치면서 차츰 이체자(異体字)가 감소하게 된다. 현재 사용되는 자체는 1음절1자체인데 이것은 1900년 소학교시행규칙개정(小学校施行規則改正)에 의해 정해진 것이다.

(2) 가타카나(片仮名)의 유래와 발생

가타카나(片仮名)는 만요가나(万葉仮名)를 빨리쓰기 위해서 자획을 생략한 것으로 본래는 한자 읽는 법을 나타내기 위해 한자에 부속되어 보조적인 역할을 하는 것이었다. 이 문자는 9세기 초부터 문헌에 나타나기 시작하는데 그 성립의 기반은 불교 학승의 세계에 있었다. 10세기에 접어들어서 가타카나는 훈점의 세계에서 벗어나 독립된 문자로서의 지위를 갖게 되었다. 카마쿠라시대 이후 가타카나의 세력이 더욱 확대되어 설화나 군기물(軍記物) 등 가타카나로 쓰여진 작품이 많이 생겨나게 되었다. 초기에는 가타카나의 자체에 이체자(異体字)가 많이 존재했으나 에도시대를 거쳐 그 수가 많이 줄어 들었다. 1900년에 소학교시행규칙개정(小学校施行規則改正)에 의해 가타카나의 자체는 현재와 같이 1음절 1자체로 통일되게 되었다.

2 오십음도(五十音図)의 유래와 규칙

(1) 오십음도(五十音図)의 유래

오십음도(五十音図)는 본래 한자음표기의 보조수단으로 이용되어지던 것으로 행의 순서(あいうえお)나 단의 순서(あかさたなはまやらわ)가 현재와는 달랐다. 또한 현재와 같이 가로세로로 정돈된 표의 형식도 아니었으며 명칭도 처음에는 [五音]이었다. 현재와 같이 오십음도(五十音

図)라는 명칭이 사용되기 시작한 것은 契沖(けいちゅう)가 『和字正濫抄(わじしょうらんしょう)』(1695년간행) 이후부터이다.

오십음도(音十音図)와 관련해 현존하는 문헌자료 중에서 가장 오래된 醍醐寺三宝院蔵『孔雀経音義(くじゃくきょうおんぎ)』(11世紀初期写)말미의 기록을 통해 알 수 있다. 여기에서는 ア行과 ナ行이 존재하지 않으며 段의 순서도 イオアエウ였다.

이 문헌보다 조금 뒤인 承暦三年(1079)의 識語를 가지는 大東急記念文庫蔵『金光明最勝王経音義(こんこうみょうさいしょうおうきょうおんぎ)』본문 뒤에 2종류의 오십음도(五十音図)와 いろは歌[이로하우타]가 달려 있다. 여기에서의 한 종류인 [五音]에는 10개의 행이 모두 존재하지만 순서가 ハタカサラナマアワヤ로 되어 있고 단의 순서도 アエオウイ로 현재와는 달랐다. 또한 종류인 [五音又様]를 보면 10개의 행이 모두 있고 단의 순서도 アイウエオ로 현재와 같지만 행의 순서가 ラワヤアマナハタカサ로 현재와 다른 면모를 보인다.

현재와 같은 순서의 오십음도(五十音図)가 우세하게 나타나는 것은 南北朝時代(1336~1392) 이후로, 산스크리트어의 음절에 맞추어 공통되는 일본어의 음절만을 취해가면 アイウエオ, カサタナハマヤラワ의 순서가 되는데, 이것에 맞추어 나중에 정리된 것이 현재의 형태가 된 것이다.

(2) 오십음도(五十音図)의 규칙

본래 한자음표기의 보조수단으로 이용되어지던 오십음도(五十音図)는 현재 일본어의 음과 문자를 체계적으로 익히기 위한 수단으로 이용된다. 세로로는 아(あ), 이(い), 우(う), 에(え), 오(お)의 5개의 단(段)이 있고 가로로는 아(あ), 카(か), 사(さ), 타(た), 나(な), 하(は), 마(ま), 야(や), 라(ら), 와(わ)의 10개의 행(行)으로 구성된다. 구성상으로 보면 50개의 문자와 음이 있어야 하지만 시대의 흐름에 따라 음이 같아지고 표기법이 변화함에 따라 현재는 50개의 문자 중에서 46개의 문자만이 존재한다. 야(や)행의 i음, e음은 아(あ) 행과 와(わ)행의 i음, e음과 같아 현대의 일본어 표기법에서는 아(あ) 행의 「い」, 「え」표기만을 인정하여 야(や)행과 와(わ)행의 i음, e음의 표기는 따로 표기하지 않는다. 또한 아(あ) 행의 u음, o음과 와(わ)행의 u음, o음도 같은 음으로 발음되는데 현대의 일본어 표기법에서는 와(わ)행의 u음표기를 아(あ) 행의 u음표기인 「う」로 통합하여 표기하고, 와(わ)행의 o음은 아(あ) 행의 o음과 음은 같지만 조사 「を」의 전용표기로 하여 아(あ) 행의 o음표기인 「お」와 다르게 표기한다. 특히 일본어의 발음(撥音)을 나타내는 「ん」문자가 나중에 오십음도(五十音図)에 포함되어 현재까지 사용되고 있다. 이것을 종합해 보면 다음과 같다.

	a행	ka행	sa행	ta행	na행	ha행	ma행	ya행	ra행	wa행
a단	あ a[a]	か ka[ka]	さ sa[sa]	た ta[ta]	な na[na]	は ha[ha]	ま ma[ma]	や ya[ja]	ら ra[ra]	わ wa[wa]
i단	い i[i]	き ki[ki]	し si[ʃi]	ち ti[tʃi]	に ni[ni]	ひ hi[çi]	み mi[mi]		り ri[ɾi]	
u단	う u[ɯ]	く ku[kɯ]	す su[sɯ̈]	つ tu[tsɯ̈]	ぬ nu[nɯ]	ふ hu[ɸɯ]	む mu[mɯ]	ゆ yu[jɯ]	る ru[ɾɯ]	
e단	え e[e]	け ke[ke]	せ se[se]	て te[te]	ね ne[ne]	へ he[he]	め me[me]		れ re[ɾe]	
o단	お o[o]	こ ko[ko]	そ so[so]	と to[to]	の no[no]	ほ ho[ho]	も mo[mo]	よ yo[jo]	ろ ro[ɾo]	を o[o]	ん N

*로마자(왼쪽)는 훈령식로마자표기법 제1표에 의한 표기이며 [ ]안의 표기는 실제 발음표기이다.

③ 히라가나 오십음도(五十音図)의 발음

(1) 오십음도(五十音図) 각 행의 발음

일본어의 청음(清音)은 탁음(濁音) 또는 반탁음(半濁音)을 붙이지 않은 가나로 나타내는 음절(박)로 탁음 이외의 모든 음절(박)을 말한다. 즉 あ, か, さ, た, な, は, ま, や, ら, わ행과 きゃ, しゃ, ちゃ, にゃ, ひゃ, みゃ, りゃ 등의 拗音음절이다.

우선 여기서는 오십음도(五十音図)에 들어가는 あ, か, さ, た, な, は, ま, や, ら, わ행의 청음발음에 대해 살펴본다.

1) あ행의 발음 ◀))

① あ[a]
입술을 동그랗게 하지 않고 입을 가장 넓게 벌린 중설모음으로 한국어의 '아'와 거의 같은 음으로 발음한다.

② い[i]

입술을 동그랗게 하지 않고 입을 가장 적게 벌린 전설모음으로 한국어의 '이'와 거의 흡사하게 발음한다.

③ う[ɯ]

입술을 적게 벌린 후설모음으로 입술을 동그랗게 모으지 않는다. 이 음은 한국어의 '우'가 입술을 동그랗게 오므리는 반면 일본어의 'う'음은 입술을 동그랗게 오므리지 않는 특징이 있다. 한국어의 '으'와 '우'의 중간 정도로 발음하면 무난하다. 한국인에게는 특히 주의를 요하는 발음이다.

④ え[e]

입술을 동그랗게 오므리지 않고 입은 일본어의 'い', 'あ'의 중간 정도로 벌리는 전설모음이다. 한국어의 '에'와 거의 비슷하게 발음하면 된다.

⑤ お[o], を[o]

입 벌림을 거의 일본어의 'え'와 거의 비슷한 정도로 하는 후설모음이다. 입술을 동그랗게 내밀지만 별로 입술에 긴장은 하지 않고 발음한다. 한국어의 '오'와 거의 비슷한 음이지만 그다지 입술을 앞으로 내밀지 않는 특징이 있다.

あい 사랑　　いえ 집　　うえ 위　　えい 알파벳A　　おい 남자조카

2) か행의 발음 ◀))

か[ka] き[ki] く[kɯ] け[ke] こ[ko]

자음 [k]는 입천장 안쪽의 부드러운 부분에 혀 안쪽이 닿은 상태에서 출발하여 갑자기 파열시켜 폐로부터의 공기가 나오게 하여 소리를 낸다. 이 때 성대는 떨리지 않게 한다. き의 음을 발음할 때는 かくけこ를 발음할 때보다 혀 안 쪽과 입천장 안쪽의 부드러운 부분의 닿는 위치가 조금 더 앞으로 나오게 된다.

이 음을 한국어로 발음할 때는 '카키쿠케코'의 음을 약하게 발음한다는 식으로 하면 무난하다. 특히 주의할 점은 단어의 중간이나 끝에서 '가기구게고'와 같이 발음해서는 안 된다.

かき 굴　　きく 국화　　くき 줄기　　け 털　　こい 연민, 사랑

3) さ행의 발음 🔊

さ[sa]　し[ʃi]　す[sɯ]　せ[se]　そ[so]

자음 [s]는 혀 끝을 윗니 바로 뒤의 딱딱한 살 부분에 접근시켜 폐로부터의 공기를 마찰시켜 소리를 낸다. し경우의 자음 [ʃ]는 자음 [s]보다 조금 더 안 쪽에 혀 끝을 접근시켜 마찰시켜 소리를 낸다. 양 쪽 모두 성대는 떨리지 않게 한다. 여기에서 일본어의 'さしせそ'의 음은 한국어로 '사시세소'로 발음하면 무난하다. 단 す[sɯ]는 다른 행의 う음 보다 더 앞 쪽에서 소리가 나는 음으로 한국어로는 '수'가 아닌 '스'로 발음하는 것이 적당하다.

さけ 술　　しお 소금　　すし 초밥　　せき 키　　そこ 거기

4) た행의 발음 🔊

た[ta]　て[te]　と[to]

자음 [t]는 혀 끝을 윗니 바로 뒤의 딱딱한 살 부분에 붙였다가 급히 파열시켜 폐로부터의 공기를 나가게 하여 소리를 낸다. 이 때 성대는 떨리지 않는다. 일본어의 'たてと'의 발음은 한국어의 '타테토'를 약하게 발음하면 무난하다.

ち[tʃi]

자음 [tʃ]는 혀 끝을 윗니 바로 뒤의 딱딱한 살 부분 보다 조금 더 안 쪽에 붙였다가 조금 열어 그 사이로 폐로부터의 공기가 지나가게 하여 마찰시켜 소리를 낸다. 이 때 성대는 떨리지 않는다. 일본어의 'ち'음은 한국어로는 어두에서 '치'에, 어중이나 어말에서는 '찌'에 가깝게 한국어 발음보다는 약하게 발음하면 된다.

つ[tsɯ]

자음 [ts]는 혀 끝을 윗니 바로 뒤의 딱딱한 살 부분에 붙였다가 조금 열어 그 사이로 폐로부터의 공기가 지나가게 하여 마찰시켜 소리를 낸다. 이 때 성대는 떨리지 않는다. 특히 이 음은 일본

어의 'う'단임에도 불구하고 모음의 발음을 '우'가 아닌 '으'에 가깝게 발음한다는 것에는 주의를 요한다.

일본어의 'つ'음은 한국어로는 '쯔'가 가장 가까운 음이지만 혀 끝을 세워 윗니 바로 뒤의 딱딱한 살 부분에 붙인다는 것이 차이가 난다. 한국어의 '쓰'가 되지 않게 주의해야 한다.

たけ 대나무　ちえ 지혜　つき 달　て 손　とし 나이

5) な행의 발음 🔊

な[na]　に[ɲi]　ぬ[nɯ]　ね[ne]　の[no]

자음 [n]은 혀 끝을 윗니 바로 뒤의 딱딱한 살 부분에 붙였다가 떼면서 소리를 내는데 이 때 폐로부터의 공기를 입으로가 아니라 코 쪽으로 보낸다는 특징이 있다. 이 때 성대는 떨리게 된다.

자음 [ɲ]는 뒤에 모음 [i]가 올 때 나타나는 음으로 혀 끝을 바로 뒤의 딱딱한 살 부분보다 조금 안 쪽에 붙였다가 떼면서 소리낸다는 것 외에는 모두 자음[n]의 경우와 마찬가지이다.

일본어의 '나니누네노'의 발음은 한국어의 '나니누네노'의 발음과 흡사하므로 한국어식으로 발음해도 무난하다.

なか 안, 속　にし 서쪽　ぬの 천　ねこ 고양이　のち 후

6) は행의 발음 🔊

は[ha]　ひ[çi]　ふ[ɸɯ]　へ[he]　ほ[ho]

자음 [h]는 성대의 성문을 좁혀서 그 사이로 폐로부터의 공기가 나오면서 마찰을 일으켜 내는 소리이다. 이 때 성대의 떨림은 일어나지 않는다. 일본어의 'はへほ'의 자음이 여기에 해당된다.

자음 [ç]는 혀 중간부분을 입천장 중간부분의 오돌토돌한 부분에 접근시켜 그 사이로 혀로부터의 공기가 나오면서 마찰을 일으켜 내는 소리이다. 이 때 성대의 떨림은 일어나지 않는다. 일본어의 'ひ'의 자음이 여기에 해당된다.

자음 [ɸ]는 양 입술을 좁혀 그 사이로 폐로부터의 공기가 나오면서 마찰을 일으켜 내는 소리이다. 이 때 성대의 떨림은 일어나지 않는다. 일본어 'ふ'의 자음이 여기에 해당된다.

일본어의 'はひふへほ'의 발음은 한국어의 '하히후헤호'의 발음과 흡사하기 때문에 한국식으로 발음해도 큰 문제는 되지 않는다. 하지만 한국어의 경우 '하히후헤호'의 [h]발음이 어중이나 어

말에서 모음 또는 비음에 둘러 쌓이게 되면 '아이우에오'와 같은 발음이 되는 현상이 있는데 일본어는 거의 그대로 '하히후헤호'로 발음이 되기 때문에 주의를 요한다. 어중이나 어말에서도 '하히후헤호'와 같이 확실히 발음하는 것이 중요하다.

はな 코　ひま 짬　ふね 배　へそ 배꼽　ほし 별

7) ま행의 발음 ◀))

ま[ma]　み[mi]　む[mɯ]　め[me]　も[mo]

자음 [m]은 양 입술을 다물었다가 열면서 소리를 내는데 이 때 폐로부터의 공기를 코로 보낸다. み의 자음은 뒤에 모음 [i]가 이어질 때 나는 음으로 [m]보다는 구개화된 음이다.

일본어의 'まみむめも'는 한국어의 '마미무메모'의 음과 비슷하므로 한국식으로 발음해도 된다.

また 또　みみ 귀　むり 무리　め 눈　もも 복숭아

8) や행의 발음 ◀))

や[ja]　ゆ[jɯ]　よ[jo]

반모음 [j]는 혀 중간보다 조금 앞 부분을 입천장 중간부분의 오돌토돌한 부분에 접근시켜 그 사이로 혀로부터의 공기가 나오면서 마찰을 일으켜 내는 소리이다. 이 때 성대는 떨리게 된다. 마찰이 약하고 모음 [i]에 가까운 점에서 반모음으로 취급한다.

일본어의 'やゆよ'발음은 한국어의 '야유요'와 비슷하게 발음하면 된다. 단지 일본어의 'ゆ'발음은 입술을 동그랗게 내밀지 않는다는 점에 주의해야 한다.

やま 산　ゆき 눈　よむ 읽다

9) ら행의 발음 ◀))

ら[ɾa]　り[ɾi]　る[ɾɯ]　れ[ɾe]　ろ[ɾo]

자음 [ɾ]은 혀 끝을 구부려 그 끝을 윗니 뒤의 딱딱한 부분에 붙였다가 한 번 튕기듯이 떼면서 소리를 낸다. 이 때 성대는 떨리게 된다. り의 자음은 자음 [ɾ]보다 구개화된 음이다.

이 'らりるれろ'의 음은 한국어의 '라리루레로'의 음과 흡사하므로 한국식으로 발음하면 무난하다.

らく 편안함   りし 이자   るす 부재중   れつ 열   ろく 여섯

10) わ행의 발음 🔊

わ[wa]   を[o]

반모음[w]는 양 입술을 좁힌 상태에 폐로부터의 공기가 마찰되면서 나오는 소리이다. 이 때 성대는 떨리게 된다. 그런데 이 [w]는 마찰이 극히 약하며 모음[ɯ]에 가까운 반모음이다. 영어의 [w]와 같이 입술을 동그랗게 해서 발음하는 것이 아니라 모음[ɯ]의 입술 상태를 조금 좁힌 형태의 음으로 지속시간도 짧고 곧바로 모음[a]로 옮겨지는 음이다.

일본어의 'わ'음은 한국어와 달리 입술을 동그랗게 내밀지 않는 상태로 '와'를 발음한다. 일본어의 'を'음은 'お'와 음이 같다. 단지「を」는 목적격조사(~을, ~를)전용으로만 사용되며 표기만 다를 뿐이다.

わたし 나   わたしを 나를

(2) 오십음도(五十音図)의 발음연습

일본어의 음과 히라가나를 외울 때에는 aiueo의 단에 맞추어 a행에서 wa행까지 순서에 맞추어 외우는 것이 편리하다. 이 순서는 일본어 사전의 단어배열 순서와 같기 때문에 꼭 이 순서로 외워야 한다. 예를 들면 먼저 あいうえお를 외우고 그 위에 あ단인 あかさたなはまやらわ를 외워서 하나하나씩 대입시켜 발음해 가는 것이다. 그럼 아래의 표를 보면서 발음연습을 해 보자.

	a행	ka행	sa행	ta행	na행	ha행	ma행	ya행	ra행	wa행
a단	あ a[a]	か ka[ka]	さ sa[sa]	た ta[ta]	な na[na]	は ha[ha]	ま ma[ma]	や ya[ja]	ら ra[ɾa]	わ wa[wa]
i단	い i[i]	き ki[ki]	し si[ʃi]	ち ti[tʃi]	に ni[ɲi]	ひ hi[çi]	み mi[mi]		り ri[ɾi]	
u단	う u[ɯ]	く ku[kɯ]	す su[süɯ]	つ tu[tsüɯ]	ぬ nu[nɯ]	ふ hu[ɸɯ]	む mu[mɯ]	ゆ yu[jɯ]	る ru[ɾɯ]	
e단	え e[e]	け ke[ke]	せ se[se]	て te[te]	ね ne[ne]	へ he[he]	め me[me]		れ re[ɾe]	
o단	お o[o]	こ ko[ko]	そ so[so]	と to[to]	の no[no]	ほ ho[ho]	も mo[mo]	よ yo[jo]	ろ ro[ɾo]	を o[o]	ん N

*로마자(왼쪽)는 훈령식로마자표기법 제1표에 의한 표기이며 [ ]안의 표기는 실제 발음표기이다.

④ 오십음도(五十音図)상의 히라가나 쓰기

히라가나는 원래 한자를 흘려 쓰는 것에서 기원했기 때문에 각 글자마다 한자의 자원이 있다. 예를 들어 「あ」의 자원(字源)은 '安'이며, 「に」의 자원은 '仁'이다. 자원을 확인하면서 각 히라가나를 순서에 맞게 써 보자.

平仮名	字源	1	2	3	4	5	6	7	8
あ	安								
い	以								
う	宇								
え	衣								

							お	於
							か	加
							き	幾
							く	久
							け	計
							こ	己
							さ	左
							し	之
							す	寸
							せ	世
							そ	曾
							た	太
							ち	知
							っ	川
							て	天
							と	止

な	奈								
に	仁								
ぬ	奴								
ね	祢								
の	乃								
は	波								
ひ	比								
ふ	不								
へ	部								
ほ	保								
ま	末								
み	美								
む	武								
め	女								
も	毛								
や	也								

ゆ	由								
よ	与								
ら	良								
り	利								
る	留								
れ	礼								
ろ	呂								
わ	和								
を	遠								
ん	无								

⑤ 일본어의 로마자 표기법

일본어의 히라가나나 가타카나의 음을 로마자로 표기할 때는 현재 1954년 내각고시 제1호로 발표된 훈령식(訓令式) 표기법에 따르는 것이 일반적이다. 이 표기법에서는 일반적인 일본어를 나타낼 때는 제1표에 따르고 국제적 관계나 그 밖의 종래의 관례를 갑자기 바꾸기 어려운 사정이 있는 경우에 한해서 제2표의 표기법을 따라도 무방한 것으로 되어있다. 이하 제1표와 제2표를 제시하면 다음과 같다.

訓令式 로마자 표기법

제1표

a	i	u	e	o			
ka	ki	ku	ke	ko	kya	kyu	kyo
sa	si	su	se	so	sya	syu	syo
ta	ti	tu	te	to	tya	tyu	tyo
na	ni	nu	ne	no	nya	nyu	nyo
ha	hi	hu	he	ho	hya	hyu	hyo
ma	mi	mu	me	mo	mya	myu	myo
ya	(i)	yu	(e)	yo			
ra	ri	ru	re	ro	rya	ryu	ryo
wa	(i)	(u)	(e)	(o)			
ga	gi	gu	ge	go	gya	gyu	gyo
za	zi	zu	ze	zo	(zya)	(zyu)	(zyo)
da	(zi)	(zu)	de	do	dya	dyu	dyo
ba	bi	bu	be	bo	bya	byu	byo
pa	pi	pu	pe	po	pya	pyu	

제2표

sha	shi	shu	sho
		tsu	
cha	chi	chu	cho
		fu	
ja	ji	ju	jo
	di	du	
dya		dyu	dyo
kwa			
gwa			
			wo

현행의 일본어 교과서는 제1표와 제2표를 섞어서 쓰는 경향이 짙다. 예를 들어 일본어의 'し'를 'si'로 표기하는 교과서도 있지만 'shi'로 표기하는 교과서도 있다. 특히 일본어의 'ち' 'つ'를 발음에 가깝게 표기한다는 의도 하에 많은 교과서에서 'chi' 'tsu'의 표기를 하고 있다. 그런데 여기서 주의할 것은 이 표기는 어디까지나 일본어 음을 로마자로 표기할 때의 표기법이지 발음이 아니라는 것에 주의해야 한다. 이 표기를 그대로 발음으로 인식하는 오류를 범해서는 안 된다.

연습문제

(1) 다음의 **あ行**의 순서로 맞는 것은?

　　① あ－お－い－う－え　　　　② あ－う－え－お－い

　　③ あ－い－う－え－お　　　　④ あ－え－お－う－い

(2) 다음 중 **は行**의 순서로 맞는 것은?

　　① は－ひ－ふ－へ－ほ　　　　② は－ふ－へ－ひ－ほ

　　③ は－ほ－へ－ひ－ふ　　　　④ は－へ－ほ－ふ－ひ

(3) 다음 중 같은 행의 히라가나가 아닌 것은?

　　① ち　　　　　　② て　　　　　　③ つ　　　　　　④ し

(4) 다음 중 **は行**다음에 오는 행은?

　　① な行　　　　　② や行　　　　　③ ま行　　　　　④ ら行

(5) **お段**의 순서가 맞는 것은?

　　① お－こ－と－そ－の－も－ほ－よ－ろ－を
　　② お－こ－そ－と－の－ほ－も－よ－ろ－を
　　③ お－こ－そ－の－と－ほ－も－ろ－よ－を
　　④ お－こ－そ－と－ほ－の－も－よ－ろ－を

(6) 다음 중 같은 단의 히라가나가 아닌 것은?

　　① き ② ち ③ ぬ ④ り

(7) 다음 중 **ち**와 같은 단의 히라가나인 것은?

　　　①た　　　　　②す　　　　　③ね　　　　　④ひ

(8) 다음 중 **い**단 다음에 오는 단으로 맞는 것은?

　　　①あ　　　　　②え　　　　　③お　　　　　④う

(9) **ま行**을 외워서 써 보시오.

　　　⇨ _____

(10) **あ段**을 외워서 써 보시오.

　　　⇨ _____

문자와 발음 Ⅱ

히라가나의 濁音, 半濁音, 拗音, 撥音, 促音, 長音

학습내용

▌ 일본어 濁音, 半濁音, 拗音의 발음

▌ 일본어 濁音, 半濁音, 拗音의 히라가나 쓰기

▌ 일본어 撥音의 발음

▌ 일본어 促音의 발음

▌ 일본어 長音의 발음

▌ 발음연습

1 일본어의 濁音, 半濁音, 拗音의 발음 ————————————————○

(1) 濁音의 발음

濁音은 清音에 대립하는 개념으로 仮名의 오른쪽 위에 濁点을 찍어서 나타내는 음절(박)로
「が・ざ・だ・ば」行의 각행과 「ぎゃ, じゃ, ぢゃ, びゃ」, 「ぎゅ, じゅ, ぢゅ, びゅ」, 「ぎょ, じょ,
ぢょ, びょ」의 음절(박)을 말한다. 이 음들의 특징은 모두 발음할 때 성대가 울린다는 점이다.

이 음들을 표로 제시하면 다음과 같다.

〈탁음〉 ◀))

	ga행	za행	da행	ba행
a단	が ga[ga]	ざ za[dza]	だ da[da]	ば ba[ba]
i단	ぎ gi[gi]	じ zi[dʒi]	ぢ zi[dʒi]	び bi[bi]
u단	ぐ gu [gɯ]	ず zu[dzü]	づ zu[dzü]	ぶ bu[bɯ]
e단	げ ge[ge]	ぜ ze[dze]	で de[de]	べ be[be]
o단	ご go[go]	ぞ zo[dzo]	ど do[do]	ぼ bo[bo]

〈요음의 탁음〉 ◀))

ぎゃ gya[gja]	じゃ zya[dʒa]	ぢゃ zya[dʒa]	びゃ bya[bja]
ぎゅ gyu[gjɯ]	じゅ zyu[dʒɯ]	ぢゅ zyu[dʒɯ]	びゅ byu[bjɯ]
ぎょ gyo[gjo]	じょ zyo[dʒo]	ぢょ zyo[dʒo]	びょ byo[bjo]

1) **が行의 발음** 🔊

が[ga]　ぎ[gi]　ぐ[gɯ]　げ[ge]　ご[go]

が行음의 자음 [g]는 어두에 올 때 나는 음으로 입천장 안쪽의 부드러운 부분에 혀 안쪽이 닿은 상태에서 출발하여 갑자기 파열시켜 폐로부터의 공기가 나오게 하여 소리를 낸다. 이 때 성대는 떨리도록 한다. ぎ[gi] 음을 발음할 때는 がぐげご를 발음할 때보다 혀 안 쪽과 입천장 안쪽의 부드러운 부분의 닿는 위치가 조금 더 앞으로 나오게 된다.

어두 이외의 위치에 나타날 때는 비음 [ŋ]으로 나타나는데 이 음은 [g]음과 같은 방법으로 발음하면서도 다른 점은 폐로부터의 공기를 코로 대부분 보내고 입으로는 거의 나오지 않게 하는 특징이 있다. 이 음을 요사이 젊은이들은 내지 못하고 [g]음으로 발음하는 경향이 있다.

が[ga], ぎ[gi], ぐ[gɯ], げ[ge], ご[go]의 음은 한국어로 [ㅇ가], [ㅇ기], [ㅇ구], [ㅇ게], [ㅇ고]와 같이 발음하면 무난하다.

> がけ(崖) 벼랑　ぎり(義理) 의리　ぐち(愚痴) 푸념　げた(下駄) 나막신　ごご(午後) 오후
> いがい(以外) 의외　かぎ(鍵) 열쇠　かぐ(家具) 가구　かげ(影) 그림자　いご(以後) 이후

2) **ざ行의 발음** 🔊

ざ[dza]　じ[dʒi]　ず[dzü]　ぜ[dze]　ぞ[dzo]

語頭나 撥音의 뒤에 나타나는 ざ, ず, ぜ, ぞ의 자음은, 혀 끝을 윗니 바로 뒤의 딱딱한 살 부분에 붙였다가 조금 열어 그 사이로 폐로부터의 공기가 지나가게 하여 마찰시켜 소리를 낸다. 이 때 성대는 떨리게 된다. じ의 자음은 혀 끝을 윗니 바로 뒤의 딱딱한 살 부분 보다 조금 더 안 쪽에 붙였다가 조금 열어 그 사이로 폐로부터의 공기가 지나가게 하여 마찰시켜 소리를 낸다. 이 때 성대는 떨리게 된다.

語頭이외의 위치나 撥音 직후에 오지 않는 ざ行자음은 대개 [-z-], [-ʒ-]로서 마찰음으로 나타나는 경우가 많다. 하지만 언제나 그런 것이 아니라 높은 악센트로 발음되는 경우는 파찰음으로 발음되는 경향이 높아 순수한 마찰음은 적다.

あじ[味]　맛　　○●　　[adʒi]
あじ[鯵]　전갱이　●○　　[aʒi]

ざ[dza], じ[dʒi], ず[dzɯ], ぜ[dze], ぞ[dzo]의 음은 한국어로 [ㅇ자], [ㅇ지], [ㅇ즈], [ㅇ제], [ㅇ조]와 같이 발음한다. 하지만 ざ・ぞ의 발음은 요음 じゃ[dʒa]・じょ[dʒo]의 발음과 흡사하여 한국인은 후자로 발음하기 쉽상이다. 혀 끝을 세워 윗니 바로 뒤의 살 부분에 붙인다는 점에 주의해서 발음해야 한다.

ざせき(座席) 좌석　　じじつ(事実) 사실　　ずけい(図形) 도형

ぜひ 꼭, 제발　　ぞくご(俗語) 속어

3) だ行의 발음 ◀»

だ[da]　ぢ[dʒi]　づ[dzɯ]　で[de]　ど[do]

だ, で, ど의 자음의 발음은 혀 끝을 세워 윗니 뒤쪽에 붙였다가 떼면서 소리를 낸다. 이 때 성대는 떨리게 된다. ぢ, づ의 음은 ざ行의 じ, ず음과 같게 발음한다.

だ[da], ぢ[dʒi], づ[dzɯ], で[de], ど[do]의 음은 한국어로 [ㅇ다], [ㅇ지], [ㅇ즈], [ㅇ데], [ㅇ도]와 같이 발음하면 무난하다.

だれ(誰) 누구　　ぢ(痔) 치질　　こづつみ(小包) 소포　　でし(弟子) 제자

どちら 어느 쪽

4) ば行의 발음 ◀»

ば[ba]　び[bi]　ぶ[bɯ]　べ[be]　ぼ[bo]

ば行음의 자음은 양 입술을 오므렸다가 갑자기 열면서 소리를 낸다. 이 때 성대는 떨리게 된다.

ば[ba], び[bi], ぶ[bɯ], べ[be], ぼ[bo]의 음은 한국어로 [ㅇ바], [ㅇ비], [ㅇ부], [ㅇ베], [ㅇ보]와 같이 발음하면 무난하다.

ばら(薔薇) 장미　　びよう(美容) 미용　　ぶし(武士) 무사　　べつ 구별

ぼく(僕) 나

5) ぎゃ, ぎゅ, ぎょ의 발음 ◀»

ぎゃ[gja]　ぎゅ[gjɯ]　ぎょ[gjo]

ぎゃ, ぎゅ, ぎょ의 자음의 발음은 ぎ의 자음의 발음과 같다. 즉 혀 안쪽과 입천장 안쪽의 부드러운 부분의 닿는 위치가 조금 더 앞으로 나와 폐쇄되었다가 열리면서 소리가 나는 음으로 이 때 성대도 떨리게 된다.

ぎゃ[gja], ぎゅ[gjɯ], ぎょ[gjo]의 음은 한국어로 [ㅇ갸], [ㅇ규], [ㅇ교]와 같이 발음하면 무난하다. 특히 주의할 점은 반드시 한 박으로 발음해야한다는 점이다.

ぎゃく(逆) 반대, 역　　ぎゅうにく(牛肉) 소고기　　ぎょにく(魚肉) 어육

6) じゃ・ぢゃ, じゅ・ぢゅ, じょ・ぢょ의 발음 🔊

　じゃ・ぢゃ[dʒa]　じゅ・ぢゅ[dʒɯ]　じょ・ぢょ[dʒo]

じゃ・ぢゃ, じゅ・ぢゅ, じょ・ぢょ의 자음의 발음은 じ의 자음의 발음과 같다. 다시 말해 혀끝을 윗니 바로 뒤의 딱딱한 살 부분 보다 조금 더 안쪽에 붙였다가 조금 열어 그 사이로 폐로부터의 공기가 지나가게 하여 마찰시켜 소리를 낸다. 이 때 성대는 떨리게 된다. 이 음들은 語頭이외의 위치나 撥音 직후에 오지 않는 경우, 대개 [-ʒ-]와 같이 마찰음으로 나타나는 경우가 많다.

じゃ・ぢゃ[dʒa], じゅ・ぢゅ[dʒɯ], じょ・ぢょ[dʒo]의 음은 한국어로 [ㅇ쟈], [ㅇ쥬], [ㅇ죠]와 같이 발음하면 무난하다.

じゃま(邪魔) 방해　　じゅもく(樹木) 수목　　じょせい(女性) 여성

7) びゃ, びゅ, びょ의 발음 🔊

　びゃ[bja]　びゅ[bjɯ]　びょ[bjo]

びゃ, びゅ, びょ의 자음의 발음은 び의 자음의 발음과 같다. 즉 양 입술을 오므렸다가 갑자기 열면서 소리를 내며 성대는 떨리게 된다.

びゃ[bja], びゅ[bjɯ], びょ[bjo]의 음은 한국어로 [ㅇ뱌], [ㅇ뷰], [ㅇ뵤]와 같이 발음하면 무난하다.

びゃくや(白夜) 백야　　ごびゅう(誤謬) 오류　　びょうき(病気) 병

(2) 半濁音의 발음

半濁音은 は行仮名의 오른쪽 위에 半濁点「°」을 찍어서 나타내는 음절(박)로 「ぱ・ぴ・ぷ・ぺ・ぽ」와 요음의 반탁음인 「ぴゃ・ぴゅ・ぴょ」가 있다. 이 음들을 표로 제시하면 다음과 같다.

〈반탁음〉 ◀))

	pa행
a단	ぱ pa[pa]
i단	ぴ pi[pi]
u단	ぷ pu[pɯ]
e단	ぺ pe[pe]
o단	ぽ po[po]

〈요음의 반탁음〉 ◀))

ぴゃ pya[pja]
ぴゅ pyu[pjɯ]
ぴょ pyo[pjo]

1) ぱ行의 발음

ぱ[pa]　ぴ[pi]　ぷ[pɯ]　ぺ[pe]　ぽ[po]

ぱ行음의 자음은 양 입술을 오므렸다가 갑자기 열면서 소리를 낸다. 이 때 성대는 떨리지 않게 한다. ぱ[pa], ぴ[pi], ぷ[pɯ], ぺ[pe], ぽ[po]의 음은 한국어로 [파], [피], [푸], [페], [포]를 가볍게 발음하면 무난하다.

　　　　ぱらぱら　비내리는 소리　　ぴったり　꼭 맞는 모양. 꼭, 딱

ぷりぷり 뚱뚱한 모양　ぺらぺら 술술　ぽろぽろ 주르르

2) ぴゃ, ぴゅ, ぴょ의 발음

ぴゃ[pja]　ぴゅ[pjɯ]　ぴょ[pjo]

ぴゃ, ぴゅ, ぴょ음의 자음은 ぴ음의 자음과 같이 양 입술을 오므렸다가 갑자기 열면서 소리를 내며, 성대는 떨리지 않게 한다. ぴゃ[pja], ぴゅ[pjɯ], ぴょ[pjo]의 음은 한국어 [퍄], [퓨], [표]를 가볍게 발음하면 무난하다.

はっぴゃく(八百) 팔백　ぴゅうぴゅう 쌩쌩　ぴょんぴょん 깡총깡총

(3) 拗音의 발음

い를 제외한 い段의 가나 오른쪽 밑에 や, ゆ, よ를 작게 첨가시켜 가나 두 자로 하나의 음절을 나타낸다. 이 요음은 기본적으로 청음, 탁음, 반탁음으로 나누어진다.

〈요음의 청음〉 ◀))

きゃ kya[kja]	しゃ sya[ʃa]	ちゃ tya[tʃa]	にゃ nya[ɲa]	ひゃ hya[ça]	みゃ mya[mja]	りゃ rya[rja]
きゅ kyu[kjɯ]	しゅ syu[ʃɯ]	ちゅ tyu[tʃɯ]	にゅ nyu[ɲɯ]	ひゅ hyu[çɯ]	みゅ myu[mjɯ]	りゅ ryu[rjɯ]
きょ kyo[kjo]	しょ syo[ʃo]	ちょ tyo[tʃo]	にょ nyo[ɲo]	ひょ hyo[ço]	みょ myo[mjo]	りょ ryo[rjo]

〈요음의 탁음·반탁음〉 ◀))

ぎゃ gya[gja]	じゃ zya[ʤa]	ぢゃ zya[ʤa]	びゃ bya[bja]	ぴゃ pya[pja]
ぎゅ gyu[gjɯ]	じゅ zyu[ʤɯ]	ぢゅ zyu[ʤɯ]	びゅ byu[bjɯ]	ぴゅ pyu[pjɯ]
ぎょ gyo[gjo]	じょ zyo[ʤo]	ぢょ zyo[ʤo]	びょ byo[bjo]	ぴょ pyo[pjo]

요음의 탁음·반탁음 발음은 위에서 다루었으므로 여기에서는 요음의 청음발음을 보기로 한다.

1) きゃ, きゅ, きょ의 발음 🔊

きゃ[kja]　きゅ[kjɯ]　きょ[kjo]

きゃ, きゅ, きょ의 자음발음은 き의 자음발음과 같다. 발음은 입천장 안쪽의 부드러운 부분에 혀 안쪽이 닿은 상태에서 출발하여 갑자기 파열시켜 폐로부터의 공기가 나오게 하여 소리를 낸다. 이 때 성대는 떨리지 않게 한다. かくけこ를 발음할 때보다 혀 안 쪽과 입천장 안쪽의 부드러운 부분의 닿는 위치가 조금 더 앞으로 나오게 된다. きゃ[kja], きゅ[kjɯ], きょ[kjo]는 한국어로 [캬], [큐], [쿄]를 가볍게 발음하면 무난하다.

きゃく(客)　손님　　きゅう(九)　아홉　　きょく(曲)　곡·악곡

2) しゃ, しゅ, しょ의 발음 🔊

しゃ[ʃa]　しゅ[ʃɯ]　しょ[ʃo]

しゃ, しゅ, しょ의 자음발음은 し의 자음발음과 같다. 발음은 혀 끝을 윗니 바로 뒤의 딱딱한 살 부분에 접근시켜 폐로부터의 공기를 마찰시켜 소리를 낸다. し경우의 자음 [ʃ]는 さすせそ의 자음 [s]보다 조금 더 안 쪽에 혀 끝을 접근시켜 마찰시켜 소리를 낸다. 이 때 성대는 떨리지 않게 한다. しゃ[ʃa], しゅ[ʃɯ], しょ[ʃo]는 한국어로 [샤], [슈], [쇼]를 가볍게 발음하면 무난하다.

しゃたく(社宅)　사택　　しゅい(首位)　수위　　しょせき(書籍)　서적

3) ちゃ, ちゅ, ちょ의 발음 🔊

ちゃ[ʧa]　ちゅ[ʧɯ]　ちょ[ʧo]

ちゃ, ちゅ, ちょ의 자음발음은 ち의 자음발음과 같다. 발음은 혀 끝을 윗니 바로 뒤의 딱딱한 살 부분 보다 조금 더 안 쪽에 붙였다가 조금 열어 그 사이로 폐로부터의 공기가 지나가게 하여 마찰시켜 소리를 낸다. 이 때 성대는 떨리지 않는다. ちゃ[ʧa], ちゅ[ʧɯ], ちょ[ʧo]는 한국어로 [챠], [츄], [쵸]로 가볍게 발음하면 무난하다.

ちゃくち(着地) 착지   ちゅうこく(忠告) 충고   ちょしょ(著書) 저서

4) にゃ, にゅ, にょ의 발음 ◀))

にゃ[ɲa] にゅ[ɲɯ] にょ[ɲo]

にゃ, にゅ, にょ의 자음발음은 に의 자음발음과 같다. 발음은 혀 끝을 윗 니 바로 뒤의 딱딱한 살 부분에 붙였다가 떼면서 소리를 내는데 이 때 폐로부터의 공기를 입으로가 아니라 코 쪽으로 보낸다는 특징이 있다. 이 때 성대는 떨리게 된다. にゃ[ɲa], にゅ[ɲɯ], にょ[ɲo]는 한국어로 [냐], [뉴], [뇨]로 발음하면 무난하다.

こんにゃく(蒟蒻) 곤약   にゅうがく(入学) 입학
にょろにょろ 꿈틀꿈틀

5) ひゃ, ひゅ, ひょ의 발음 ◀))

ひゃ[ça] ひゅ[çɯ] ひょ[ço]

ひゃ, ひゅ, ひょ의 자음발음은 ひ의 자음발음과 같다. 발음은 혀 중간부분을 입천장 중간부분의 오돌토돌한 부분에 접근시켜 그 사이로 혀로부터의 공기가 나오면서 마찰을 일으켜 내는 소리이다. 이 때 성대의 떨림은 일어나지 않는다. ひゃ[ça], ひゅ[çɯ], ひょ[ço]는 한국어로 [햐], [휴], [효]로 발음하면 무난하다.

ひゃく(百) 백   ひゅうが(日向) 옛 지명. 지금의 宮崎県
ひょいひょい 깡총깡총

6) みゃ, みゅ, みょ의 발음 ◀))

みゃ[mja] みゅ[mjɯ] みょ[mjo]

みゃ, みゅ, みょ의 자음발음은 み의 자음 발음과 같다. 발음은 양 입술을 다물었다가 열면서 소리를 내는데 이 때 폐로부터의 공기를 코로 보낸다. 이 때 성대는 떨리게 된다. みゃ[mja], みゅ[mjɯ], みょ[mjo]는 한국어로 [먀], [뮤], [묘]로 발음하면 무난하다.

みゃく(脈) 맥   みょうぎ(妙技) 묘기

7) りゃ, りゅ, りょ의 발음 🔊

りゃ[ɾja]　りゅ[ɾjɯ]　りょ[ɾjo]

りゃ, りゅ, りょ의 자음 발음은 り의 자음 발음과 같다. 발음은 혀 끝을 구부려 그 끝을 윗니 뒤의 딱딱한 부분에 붙였다가 한 번 튕기듯이 떼면서 소리를 낸다. 이 때 성대는 떨리게 된다. りゃ[ɾja], りゅ[ɾjɯ], りょ[ɾjo]는 한국어로 [랴], [류], [료]로 발음하면 무난하다.

りゃくご(略語) 약어　　りゅうがく(留学) 유학　　りょひ(旅費) 여비

2 濁音·半濁音, 拗音의 히라가나 쓰기

(1) 濁音·半濁音의 히라가나 쓰기

1) 濁音·半濁音

일본어의 탁음은 모든 행에 걸쳐 있는 것이 아니라 청음 중에서「か·さ·た·は」行에만 나타나며「か·さ·た·は」行의 오른쪽 위에 탁점「ﾞ」을 찍어서 나타낸다.

일본어의 반탁음은 청음 중에서「は」行에만 나타나며「は」行의 오른쪽 위에 반탁점「ﾟ」을 찍어서 나타낸다.

2) 히라가나 보고쓰기

平仮名	1	2	3	4	5	6	7	8
が ga[ga]								
ぎ gi[gi]								
ぐ gu[gɯ]								

げ ge[ge]								
ご go[go]								
ざ za[dza]								
じ zi[dʒi]								
ず zu[dzü]								
ぜ ze[dze]								
ぞ zo[dzo]								
だ da[da]								
ぢ zi[dʒi]								
づ zu[dzü]								
で de[de]								
ど do[do]								

ば ba[ba]								
び bi[bi]								
ぶ bu[bɯ]								
べ be[be]								
ぼ bo[bo]								
ぱ pa[pa]								
ぴ pi[pi]								
ぷ pu[pɯ]								
ぺ pe[pe]								
ぽ po[po]								

(2) 拗音의 히라가나 쓰기

1) 拗音

요음은 い를 제외한 い段의 가나의 오른쪽 밑에 や, ゆ, よ를 작게 붙여서 쓴다. 청음과 탁음 반탁음 별로 나누어 제시하면 아래와 같다.

2) 히라가나 보고 쓰기

〈요음의 청음〉

平仮名	1	2	3	4	5	6	7	8
きゃ kya[kja]								
きゅ kyu[kjɯ]								
きょ kyo[kjo]								
しゃ sya[ʃa]								
しゅ syu[ʃɯ]								
しょ syo[ʃo]								
ちゃ tya[ʧa]								
ちゅ tyu[ʧɯ]								
ちょ tyo[ʧo]								
にゃ nya[ɲa]								
にゅ nyu[ɲɯ]								

にょ nyo[ɲo]							
ひゃ hya[ça]							
ひゅ hyu[çɯ]							
ひょ hyo[ço]							
みゃ mya[mja]							
みゅ myu[mjɯ]							
みょ myo[mjo]							
りゃ rya[ɾja]							
りゅ ryu[ɾjɯ]							
りょ ryo[ɾjo]							

〈요음의 탁음·반탁음〉

平仮名	1	2	3	4	5	6	7	8
ぎゃ gya[gja]								
ぎゅ gyu[gjɯ]								
ぎょ gyo[gjo]								
じゃ zya[ʥa]								
じゅ zyu[ʥɯ]								
じょ zyo[ʥo]								
ぢゃ zya[ʥa]								
ぢゅ zyu[ʥɯ]								
ぢょ zyo[ʥo]								
びゃ bya[bja]								
びゅ byu[bjɯ]								
びょ byo[bjo]								

ぴゃ pya[pja]							
ぴゅ pyu[pjɯ]							
ぴょ pyo[pjo]							

③ 일본어 撥音의 발음 ──────────────○

일본어의 撥音은 [はねる音]이라고도 하며「ん」로 표기한다. 음소로는 /N/으로 표기한다.「ん」 표기가 확립된 것은 대략 平安朝末 院政期(12세기)경으로 추정된다. 발음은 원칙적으로 다음에 오는 자음과 조음점(조음위치)을 같이하는 한 박 길이의 鼻音이다. 단 폐쇄가 일어나지 않는 음이 올 때는 鼻母音으로 소리가 난다. 후속하는 음에 따른 撥音의 발음을 제시하면 다음과 같다.

(1) 후속하는 음이 [m], [b], [p], 즉 ま・ば・ぱ行일 때「ん」은 [m]으로 발음된다. ◀))

　　　しんまい [ʃimmai] 新米　햅쌀　　　かんばい [kambai] 完売　다팔림
　　　しんぱい [ʃimpai] 心配　걱정

(2) 후속하는 음이 [t], [d], [ts], [dz], [n], [ɾ], 즉 い단을 제외한 た・だ・ざ행과 ら행일 때「ん」은 [n]으로 발음된다. ◀))

　　　しんたい [ʃintai] 身体　신체　　　しんどう [ʃindo:] 振動　진동
　　　じんつう [dʒintsɯ:] 陣痛　진통　　　しんぞく [ʃindzokɯ] 親族　친족
　　　しんねん [ʃinneN] 新年　신년　　　しんらい [ʃinɾai] 信頼　신뢰

(3) 후속하는 음이 [ɲ], 즉 に나 な행요음일 때「ん」은 [ɲ]으로 발음된다. ◀))

　　　しんにん [ʃiɲɲiN] 信任　신임　　　しんにゅう [ʃiɲɲjɯ:] 侵入　침입

(4) 후속하는 음이 [k], [g], [ŋ], 즉 か・が행일 때 「ん」은 [ŋ]로 발음된다. 🔊

しんこう[ʃiŋko:] 信仰　신앙　　しんがく[ʃiŋŋakɯ] 進学　진학

(5) 후속하는 음이 없을 때 「ん」은 [N]인 구개수음으로 발음된다. 🔊

ほん[hoN] 本　책

(6) 후속하는 음이 모음 [a], [i], [ɯ], [e], [o], 반모음 [j], [w], 마찰음 [s], [ʃ], [h], [ç], [ɸ], 즉 あ・や・わ・さ・は행일 때 「ん」은 鼻母音 [Ṽ]로 발음된다. 🔊

れんあい[reṼai] 恋愛　연애　　しんい[ʃiṼi] 真意　진의
しんうち[ʃiṼɯʧi] 真打　최후출연자　　しんえい[ʃiṼe:] 新鋭　신예
しんおん[ʃiṼoN] 唇音　순음　　しんや[ʃiṼja] 深夜　심야
しんわ[ʃiṼwa] 神話　신화　　しんさ[ʃiṼsa] 審査　심사
しんし[ʃiṼʃi] 紳士　신사　　ぜんはん[dzeṼhaN] 前半　전반
よんひき[joṼçiki] 四匹　네 마리　　しんふぜん[ʃiṼɸɯzeN] 心不全　심부전

④ 일본어 促音의 발음

일본어의 促音은 [つまる音]이라고도 하며 「っ」와 같이 「つ」를 작게 표기한다. 음소표기로 /Q/를 이용한다. 발음은 원칙적으로 무성자음 [p, t, k, s, ʃ] 앞에 나타나, 뒤에 나오는 자음의 형태로 한 박자분 그 상태를 지속하는 것으로 명백한 음으로 들을 수가 없고 독립된 음성을 가지고 있지 않다. 또한 강조어형이나 외래어에 있어서는 有声子音 앞에서도 促音이 나타난다. 후속하는 음에 따른 促音의 발음을 제시하면 다음과 같다.

(1) 후속하는 음이 [p], 즉 ぱ行音일 경우 促音은 [p]음 상태로 한 박자분 지속한다. 🔊

いっぱい[ippai] 一杯　한 잔　　きっぷ[kippɯ] 切符　표
いっぽ[ippo] 一歩　한 걸음

(2) 후속하는 음이 [t], 즉 た行音일 경우 促音은 [t]음 상태로 한 박자분 지속한다. ◀))

いっち[ittʃi] 一致 일치   みっつ[mittsɯ] 三つ 셋
きって[kitte] 切手 우표

(3) 후속하는 음이 [k], 즉 か行音일 경우 促音은 [k]음 상태로 한 박자분 지속한다. ◀))

いっかい[ikkai] 一回 한 번   にっき[ɲikki] 日記 일기
いっこ[ikko] 一個 한 개

(4) 후속하는 음이 [s]・[ʃ], 즉 さ行音일 경우 促音은 [s]・[ʃ]음 상태로 한 박자분 지속한다. ◀))

いっさい[issai] 一切 일체   ざっし[dzaʃʃi] 雑誌 잡지
いっせき[isseki] 一隻 한 척

(5) 강조어형이나 외래어의 경우 有声子音 앞에서도 促音이 나타난다. ◀))

すっごい[sɯggoi] 대단하다   すっばらしい[sɯbbaraʃi:] 훌륭하다
バッグ[baggɯ] 백   ベッド[beddo] 베드

⑤ 일본어 長音의 발음 ────────────────○

　일본어의 長音은 [引く音]이라고도 하며 직전에 오는 모음 [a i ɯ e o]을 입 모양을 변화시키지 않고 한 박자분 늘리는 것을 말한다. 표기는 단에 따라 다르게 나타난다. 음소표기로 /R/을 이용한다. 예를 들어 あ단 음절의 장음표기는 あ단의 음 뒤에 「あ」를 덧붙여서, い단 음절의 장음표기는 い단의 음 뒤에 「い」를 덧붙여서, う단 음절의 장음표기는 う단의 음 뒤에 「う」를 덧붙여서, え단 음절의 장음표기는 え단의 음 뒤에 「え」나 「い」를 덧붙여서, お단 음절의 장음표기는 お단의 음 뒤에 「お」나 「う」를 덧붙여서 나타낸다.
　장음은 한국인이 발음함에 있어서 의식해서 발음하지 않으면 전혀 다른 의미가 되어 버리기 때문에 특히 주의를 요한다. 직전에 오는 모음에 따른 長音의 발음을 제시하면 다음과 같다.

(1) あ단 음절의 長音 🔊

　　おばあさん[oba:saN] 할머니　　きゃあきゃあ[kja:kja:] 꽥꽥

(2) い단 음절의 長音 🔊

　　おじいさん[odʒi:saN] 할아버지　　しいたけ[ʃi:take] 표고버섯

(3) う단 음절의 長音 🔊

　　くうき[ku:ki] 空気 공기　　きゅうきゅう[kju:kju:] 救急 구급

(4) え단 음절의 長音 🔊

　　おねえさん[one:saN] 누나　　ええ[e:] 예
　　けいざい[ke:zai] 経済 경제　　えいご[e:go] 英語 영어

(5) お단 음절의 長音 🔊

　　こおり[ko:ɾi] 氷 얼음　　おおい[o:i] 多い 많다
　　そうごう[so:go:] 総合 종합　　きょうし[kjo:ʃi] 教師 교사

---

6 발음연습 🔊 ─────────────────────────○

· 단어를 들어보고 따라서 발음해 봅시다.

(1) しんまい[ʃimmai] 新米 햅쌀　　かんばい[kambai] 完売 다팔림
　　しんぱい[ʃimpai] 心配 걱정

(2) しんたい[ʃintai] 身体 신체　　しんどう[ʃindo:] 振動 진동
　　じんつう[dʒintsɯ:] 陣痛 진통　　しんぞく[ʃindzokɯ] 親族 친족

しんねん[ʃinneN] 新年 신년　しんらい[ʃinɾai] 信頼 신뢰

(3) しんにん[ʃiɲɲiN] 信任 신임　しんにゅう[ʃiɲɲjɯː] 侵入 침입

(4) しんこう[ʃiŋkoː] 信仰 신앙　しんがく[ʃiŋŋakɯ] 進学 진학

(5) ほん[hoN] 本 책

(6) れんあい[reṼai] 恋愛 연애　しんい[ʃiṼi] 真意 진의
しんうち[ʃiṼɯʧi] 真打 최후출연자　しんえい[ʃiṼeː] 新鋭 신예
しんおん[ʃiṼoN] 唇音 순음

(7) しんや[ʃiṼja] 深夜 심야　しんわ[ʃiṼwa] 神話 신화

(8) しんさ[ʃiṼsa] 審査 심사　しんし[ʃiṼʃi] 紳士 신사

(9) ぜんはん[dzeṼhaN] 前半 전반　よんひき[joṼçiki] 四匹 네 마리
しんふぜん[ʃiṼɸɯzeN] 心不全 심부전

(10) いっぱい[ippai] 一杯 한 잔　きっぷ[kippɯ] 切符 표
いっぽ[ippo] 一歩 한 걸음

(11) いっち[itʧi] 一致 일치　みっつ[mittsɯ] 三つ 셋
きって[kitte] 切手 우표

(12) いっかい[ikkai] 一回 한 번　にっき[nikki] 日記 일기
いっこ[ikko] 一個 한 개

(13) いっさい[issai] 一切　일체　　ざっし[dzaʃʃi] 雑誌　잡지

いっせき[isseki] 一隻　한 척

(14) すっごい[süggoi]　대단하다　　すっばらしい[sübbaraʃi:]　훌륭하다

バッグ[baggɯ]　백　　ベッド[beddo]　베드

(15) おばあさん[oba:saN]　할머니　　きゃあきゃあ[kja:kja:]　꽥꽥

(16) おじいさん[odʒi:saN]　할아버지　しいたけ[ʃi:take]　표고버섯

(17) くうき[ku:ki] 空気 공기　きゅうきゅう[kju:kju:] 救急 구급

(18) おねえさん[one:saN] 누나　ええ[e:] 예

けいざい[ke:zai] 経済 경제　えいご[e:go] 英語 영어

(19) こおり[ko:ɾi] 氷 얼음　おおい[o:i] 多い 많다

そうごう[so:go:] 総 合종합　きょうし[kjo:ʃi] 教師 교사

연습문제

(1) 「ん」의 발음이 [n]으로 발음되는 것은？

　　① しんこう 신앙　　　　② しんがく 진학

　　③ しんぱい 걱정　　　　④ しんどう 진동

(2) 「ん」의 발음이 [m]으로 발음되는 것은？

　　① かんばい 다팔림　　　② しんや 심야

　　③ しんらい 신뢰　　　　④ ほん 책

(3) 「ん」의 발음이 나머지 셋과 다른 것은?

　　① しんぞく 친족　　　　② しんおん 순음

　　③ しんねん 신년　　　　④ しんらい 신뢰

(4) 「ん」의 발음이 나머지 셋과 다른 것은?

　　① れんあい 연애　　　　② しんや 심야

　　③ しんにん 신임　　　　④ よんひき 네 마리

(5) 다음에서 촉음이 [t]로 발음되는 것은？

　　① きって 우표　　　　　② きっぷ 표

　　③ いっかい 한 번　　　　④ にっき 일기

(6) 다음에서 촉음이 [k]로 발음되는 것은？

　　① ざっし 잡지　　　　　② いっせき 한 척

　　③ いっかい 한 번　　　　④ いっぽ 한 걸음

(7) 촉음의 발음이 다른 셋과 다른 것은 ?

    ① いっち 일치   ② みっつ 셋

    ③ きって 우표   ④ いっさい 일체

(8) 촉음의 발음이 다른 셋과 다른 것은 ?

    ① いっぱい 한 잔   ② きっぷ 표

    ③ いっぽ 한 걸음   ④ すっばらしい 훌륭하다

(9) 다음에서 장음을 잘못 표기한 것은?

    ① きょうし 교사   ② けいざい 경제

    ③ おうい 많다   ④ きゅうきゅう 구급

(10) 장음의 표기에 관한 설명으로 맞지 않는 것은?

    ① あ단 음절의 장음표기는 あ단의 음 뒤에 「あ」를 덧붙여서 나타낸다.

    ② い단 음절의 장음표기는 い단의 음 뒤에 「い」또는 「う」를 덧붙여서 나타낸다.

    ③ え단 음절의 장음표기는 え단의 음 뒤에 「え」나 「い」를 덧붙여서 나타낸다.

    ④ お단 음절의 장음표기는 お단의 음 뒤에 「お」나 「う」를 덧붙여서 나타낸다.

문자와 발음 Ⅲ

가타카나와 외래어음의 발음과 쓰기

학습내용

▎일본어 가타카나의 발음

▎일본어 가타카나 쓰기

▎외래어음의 발음과 표기

▎IME설정과 일본어 입력

1 일본어 가타카나 발음

(1) 清音의 발음 🔊

가타카나 청음의 발음은 히라가나 청음의 발음과 같다. 단지 표기만 다를 뿐이다. 가타카나와 히라가나를 대조하면서 각 행과 단을 제시하면 다음과 같다.

	a행	ka행	sa행	ta행	na행	ha행	ma행	ya행	ra행	wa행
a단	ア あ a[a]	カ か ka[ka]	サ さ sa[sa]	タ た ta[ta]	ナ な na[na]	ハ は ha[ha]	マ ま ma[ma]	ヤ や ya[ja]	ラ ら ra[ɾa]	ワ わ wa[wa]
i단	イ い i[i]	キ き ki[ki]	シ し si[ʃi]	チ ち ti[tʃi]	ニ に ni[ɲi]	ヒ ひ hi[çi]	ミ み mi[mi]		リ り ri[ɾi]	
u단	ウ う u[ɯ]	ク く ku[kɯ]	ス す su[sɯ̈]	ツ つ tu[tsɯ̈]	ヌ ぬ nu[nɯ]	フ ふ hu[ɸɯ]	ム む mu[mɯ]	ユ ゆ yu[jɯ]	ル る ru[ɾɯ]	
e단	エ え e[e]	ケ け ke[ke]	セ せ se[se]	テ て te[te]	ネ ね ne[ne]	ヘ へ he[he]	メ め me[me]		レ れ re[ɾe]	
o단	オ お o[o]	コ こ ko[ko]	ソ そ so[so]	ト と to[to]	ノ の no[no]	ホ ほ ho[ho]	モ も mo[mo]	ヨ よ yo[jo]	ロ ろ ro[ɾo]	ヲ を o[o]

ン ん
N

* 로마자(왼쪽)는 훈령식로마자표기법 제1표에 의한 표기이며 [ ]안의 표기는 실제 발음표기이다.

○ ア行

　　アウト　out 아웃　　イエス　yes 예　　ウルトラ　ultra 초
　　エクスプレス　express 특급　　オイル　oil 오일

○ カ行

　　カタログ　catalog 목록　　キス　kiss 키스　　クロス　cross 십자가
　　ケア　care 돌봄　　コアラ　koala 코알라

○ サ行

　　サイクル　cycle 주기　　システム　system 시스템　　スタイル　style 스타일

セレクト　select 선택　　ソナタ　sonata 소나타

○ タ行

タイツ　tights 타이츠　　チケット　ticket 티켓　　ツール　tool 도구

テスト　test 테스트　　トライ　try 시도하다

○ ナ行

ナイアガラ　Niagara 나이아가라　　ニーズ　needs 니즈　　ヌード　nude 누드

ネクタイ　necktie 넥타이　　ノルマ　norma 기준

○ ハ行

ハードル　hurdle 허들　　ヒアリング　hearing 듣기　　フランス　France 프랑스

ヘルメット　helmet 헬멧　　ホテル　hotel 호텔

○ マ行

マイク　mike 마이크　　ミサイル　missile 미사일　　ムード　mood 무드

メカニズム　mechanism 메커니즘　　モデル　model 모델

○ ヤ行

ヤード　yard 야드　　ユニセフ　UNICEF 유니세프　　ヨガ　Yoga 요가

○ ラ行

ライス　rice 쌀　　リアル　real 사실적　　ルビー　ruby 루비

レシピ　recipe 조리법　　ロシア　Rossia 러시아(국명)

○ ワ行

ワイヤレス　wireless 무선

(2) 濁音·半濁音의 발음 ◀))

가타카나 탁음·반탁음의 발음은 히라가나 탁음·반탁음의 발음과 같다. 단지 표기만 다를 뿐이다. 가타카나와 히라가나를 대조해 보면서 각 행과 단, 각 행과 단을 제시하면 다음과 같다.

<濁音·半濁音>

	ga행	za행	da행	ba행	Pa행
a단	ガ が ga[ga]	ザ ざ za[dza]	ダ だ da[da]	バ ば ba[ba]	パ ぱ pa[pa]
i단	ギ ぎ gi[gi]	ジ じ zi[dʒi]	ヂ ぢ zi[dʒi]	ビ び bi[bi]	ピ ぴ pi[pi]
u단	グ ぐ gu [gɯ]	ズ ず zu[dzü]	ヅ づ zu[dzü]	ブ ぶ bu[bɯ]	プ ぷ pu[pɯ]
e단	ゲ げ ge[ge]	ゼ ぜ ze[dze]	デ で de[de]	ベ べ be[be]	ペ ぺ pe[pe]
o단	ゴ ご go[go]	ゾ ぞ zo[dzo]	ド ど do[do]	ボ ぼ bo[bo]	ポ ぽ po[po]

○ ガ行

ガス　gas 가스　　ギフト　gift 선물　　グラム　gram 그램

ゲルマン　geruman 게르만　　ゴリラ　gorilla 고릴라

○ ザ行

ザビエル　Xavier 하비에르(인명)　　ジーンズ　jeans 진　　ズボン　jupon 바지

ゼロ　zero 제로　　ゾーン　zone 지역

○ ダ行

ダイヤモンド　diamond 다이아몬드　　デスク　desk 책상

ドイツ　Germany 독일

○ バ行

　　バナナ　banana 바나나　　ビーフ　beef 소고기　　ブラウス　blouse 블라우스

　　ベルト　belt 벨트　　ボス　boss 보스

・パ行

　　パイオニア　pioneer 개척자　　ピアノ　piano 피아노

　　プログラム　program 프로그램　　ペア　pair 쌍　　ポンプ　pomp 펌프

(3) 拗音의 清音발음 🔊

가타카나 요음의 발음은 히라가나 요음의 발음과 같다. 단지 표기만 다를 뿐이다. 먼저 요음의
청음을 가타카나와 히라가나를 대조해 보면서 각 행을 제시하면 다음과 같다.

〈拗音의 清音〉

カ行拗音	サ行拗音	タ行拗音	ナ行拗音	ハ行拗音	マ行拗音	ラ行拗音
キャ きゃ kya[kja]	シャ しゃ sya[ʃa]	チャ ちゃ tya[ʧa]	ニャ にゃ nya[ɲa]	ヒャ ひゃ hya[ça]	ミャ みゃ mya[mja]	リャ りゃ rya[ɾja]
キュ きゅ kyu[kjɯ]	シュ しゅ syu[ʃɯ]	チュ ちゅ tyu[ʧɯ]	ニュ にゅ nyu[ɲɯ]	ヒュ ひゅ hyu[çɯ]	ミュ みゅ myu[mjɯ]	リュ りゅ ryu[ɾjɯ]
キョ きょ kyo[kjo]	ショ しょ syo[ʃo]	チョ ちょ tyo[ʧo]	ニョ にょ nyo[ɲo]	ヒョ ひょ hyo[ço]	ミョ みょ myo[mjo]	リョ りょ ryo[ɾjo]

○ カ行拗音

　　キャベツ　cabbage 양배추　　キューバ　Cuba 쿠바(국명)

○ サ行拗音

　　シャツ　shirt 속샤쓰　　シューベルト　Schubert 슈베르트

　　ショパン　Chopin 쇼팽

○ タ行拗音

　　チャペル　chapel 채플　　チューナー　tuner 튜너

チョコレート　chocolate 쵸코릿

○ ナ行拗音

ニュース　news 뉴스

○ ハ行拗音

ヒューズ　fuse 퓨즈

○ マ行拗音

ミャンマー　Myanmar 미얀마(국명)　　ミュージカル　musical 뮤지컬

○ ラ行拗音

リュックサック　Rucksack 등산용 배낭

(4) 拗音의 濁音·半濁音 발음 ◀))

다음으로 요음의 탁음·반탁음을 가타카나와 히라가나를 대조해 보면서 각 행을 제시하면 다음가 같다.

〈拗音의 濁音·半濁音〉

ガ行拗音	ザ行拗音	ダ行拗音	バ行拗音	パ行拗音
ギャ　ぎゃ gya[gja]	ジャ　じゃ zya[ʤa]	ヂャ　ぢゃ zya[ʤa]	ビャ　びゃ bya[bja]	ピャ　ぴゃ pya[pja]
ギュ　ぎゅ gyu[gjɯ]	ジュ　じゅ zyu[ʤɯ]	ヂュ　ぢゅ zyu[ʤɯ]	ビュ　びゅ byu[bjɯ]	ピュ　ぴゅ pyu[pjɯ]
ギョ　ぎょ gyo[gjo]	ジョ　じょ zyo[ʤo]	ヂョ　ぢょ zyo[ʤo]	ビョ　びょ byo[bjo]	ピョ　ぴょ pyo[pjo]

○ ガ行拗音

ギャラ　guarantee 갤런티

○ ザ行拗音

ジャーナリスト journalist 저널리스트   ジュニア junior 주니어

ジョーカー joker 죠커

○ バ行拗音

ビュー view 전망

○ パ行拗音

ピューマ puma 퓨마

(5) 撥音의 발음 ◀))

가타카나의 撥音은 히라가나의 撥音과 똑같이 발음한다. 단지 표기만 [ン]로 다를 뿐이다.

ジレンマ dilemma 딜레마   ポイント point 포인트   ソング song 노래
カンニング cunning 컨닝   コミュニケーション communication 커뮤니케이션
マンション mansion 맨션   ゴールデンアワー golden hour 골든아워

(6) 促音의 발음 ◀))

가타카나의 促音은 히라가나의 促音과 똑같이 발음한다. 단지 표기만 [ッ]로 다를 뿐이다.

コック cock 마개   キャッスル castle 성   ラケット racket 라켓
ショップ shop 가게

(7) 長音의 발음 ◀))

가타카나의 長音은 히라가나의 長音과 발음 면에서는 같다. 하지만 표기면에 있어서 가타카나의 장음은 모든 히라가나의 장음표기를 [ー]로 표기하기 때문에 히라가나표기와 크게 차이가 난다.

カード card 카드   チーム team 팀   ヌードル noodle 면
ゲーム game게임   スポーツ sports 스포츠

(1) 清音

가타카나는 원래 한자의 일부분만을 따서 토를 단 것에서 유래한 것으로 각 글자마다 한자의 자원이 있다. 예를 들면 「イ」의 자원은 「伊」이다. 자원을 확인하면서 각 가타카나를 순서에 맞게 써 보시오.

平仮名	字源	1	2	3	4	5	6	7	8
ア	阿								
イ	伊								
ウ	宇								
エ	江								
オ	於								
カ	加								
キ	幾								
ク	久								
ケ	介								
コ	己								
サ	散								

シ	之							
ス	須							
セ	世							
ソ	曽							
タ	多							
チ	千							
ツ	川							
テ	天							
ト	止							
ナ	奈							
ニ	二							
ヌ	奴							
ネ	祢							
ノ	乃							
ハ	八							
ヒ	比							

フ	不							
ヘ	部							
ホ	保							
マ	万							
ミ	三							
ム	牟							
メ	女							
モ	毛							
ヤ	也							
ユ	由							
ヨ	与							
ラ	良							
リ	利							
ル	流							
レ	礼							
ロ	呂							

ワ	和								
ヲ	乎								
ン	字源 不明								

(2) 濁音·半濁音

각각의 가타카나를 순서에 맞게 써 보시오.

平仮名	1	2	3	4	5	6	7	8
ガ ga[ga]								
ギ gi[gi]								
グ gu[gɯ]								
ゲ ge[ge]								
ゴ go[go]								
ザ za[ʣa]								
ジ zi[ʤi]								
ズ zu[ʣɯ]								

ゼ ze[dze]							
ゾ zo[dzo]							
ダ da[da]							
ヂ zi[dʒi]							
ヅ zu[dzü]							
デ de[de]							
ド do[do]							
バ ba[ba]							
ビ bi[bi]							
ブ bu[bɯ]							
ベ be[be]							
ボ bo[bo]							
パ pa[pa]							

ピ pi[pi]								
プ pu[pɯ]								
ペ pe[pe]								
ポ po[po]								

(3) 拗音의 清音

각각의 가타카나를 순서에 맞게 써 보시오.

平仮名	1	2	3	4	5	6	7	8
キャ kya[kja]								
キュ kyu[kjɯ]								
キョ kyo[kjo]								
シャ sya[ʃa]								
シュ syu[ʃɯ]								
ショ syo[ʃo]								

チャ tya[tʃa]							
チュ tyu[tʃɯ]							
チョ tyo[tʃo]							
ニャ nya[ɲa]							
ニュ nyu[ɲɯ]							
ニョ nyo[ɲo]							
ヒャ hya[ça]							
ヒュ hyu[çɯ]							
ヒョ hyo[ço]							
ミャ mya[mja]							
ミュ myu[mjɯ]							
ミョ myo[mjo]							
リャ rya[ɾja]							

平仮名	1	2	3	4	5	6	7	8
リュ ryu[rjɯ]								
リョ ryo[rjo]								

(4) 拗音의　濁音·半濁音

각각의 가타카나를 순서에 맞게 써 보시오.

平仮名	1	2	3	4	5	6	7	8
ギャ gya[gja]								
ギュ gyu[gjɯ]								
ギョ gyo[gjo]								
ジャ zya[dʒa]								
ジュ zyu[dʒɯ]								
ジョ zyo[dʒo]								
ヂャ zya[dʒa]								
ヂュ zyu[dʒɯ]								

ヂョ zyo[ʤo]								
ビャ bya[bja]								
ビュ byu[bjɯ]								
ビョ byo[bjo]								
ピャ pya[pja]								
ピュ pyu[pjɯ]								
ピョ pyo[pjo]								

(5) 撥音, 促音, 長音 쓰기

○ 가타카나의 撥音표기는「ン」로 쓴다.

ジレンマ dilemma 딜레마　ポイント point 포인트　ソング song 노래
カンニング cunning 컨닝　コミュニケーション communication 커뮤니케이션
マンション mansion 맨션　ゴールデンアワー golden hour 골든아워

○ 가타카나의 促音표기는「ッ」로 쓴다.

コック cock 마개　キャッスル castle 성　ラケット racket 라켓
ショップ shop 가게

○ 가타카나의 長音표기는 「ー」로 쓴다.

> カード　card 카드　　チーム　team 팀　　サービス　service 서비스
>
> ゲーム　game 게임　　スポーツ　sports 스포츠

③ 외래어음의 일본식 발음 ──────────────────○

현재 일본어에는 외래어음을 원음에 가깝게 발음하기 위해서 새롭게 등장한 음이 33개 존재한다. 이 음들은 외래어나 외국의 지명, 인명을 원음에 가깝게 발음할 때 사용한다. 쓸 때는 가타카나로 표기한다. 이하 33개의 음과 이 음을 이용한 단어를 살펴본다.

(1) イェ[je] ◀))

이 음은 반모음 [j]음을 발음할 때와 마찬가지로 혀의 중간부분을 입천장 위의 중간 부분의 딱딱한 곳에 접근시켜 소리를 낸다. 이 때 성대는 떨리게 된다. 한국어로는 [예]와 같이 발음하면 된다.

> イェロー　yellow 노란색 (イエロー도 사용)

(2) クァ[kwa], クィ[kwi], クェ[kwe], クォ[kwo] ◀))

이 음들의 자음 음은 우선 [k]음을 발음할 때와 마찬가지로 혀 안쪽을 입천장 안 쪽의 부드러운 부분에 붙였다가 떼면서 소리를 낸다. 이 때 성대는 떨리지 않게 된다. 한국어로는 [콰], [퀴], [퀘]], [쿼]음을 부드럽게 소리 내면 된다.

> アクァマリン　aquamarine 아쿠아마린(보석) (アクアマリン도 사용)
>
> クィーン　queen 여왕 (クイーン도 사용)
>
> クェスチョン　question 질문 (クエスチョン도 사용)
>
> クォリティー　quality 질 (クオリティー도 사용)

(3) グァ[gwa] ◀))

이 음의 자음 음은 우선 [g]음을 발음할 때와 마찬가지로 혀 안쪽을 입천장 안 쪽의 부드러운 부

분에 붙였다가 떼면서 소리를 낸다. 이 때 성대는 떨리게 된다. 한국어로는 [으과]와 같이 소리내면 된다.

グァム　　　Guam 괌(지명) (グアム도 사용)

(4) シェ[ʃe] ◀))

이 음의 자음 음 [ʃ]은 「シ」음의 자음 음과 같이 혀 끝을 윗 니 바로 뒤의 딱딱한 살 부분 보다 더 안쪽에 접근시킨 상태에 폐로부터의 공기를 보내 마찰시켜 소리를 낸다. 이 때 성대는 떨리지 않는다. 한국어로는 [셰]와 같이 소리를 내면 된다.

シェークスピア　Shakespeare 셰익스피어(인명)

(5) ジェ[dʒe] ◀))

이 음의 사음 음 [dʒ]은 「ジ」음의 자음 음과 같이 혀 끝을 윗니 바로 뒤의 딱딱한 살 부분 보다 조금 더 안 쪽에 붙였다가 조금 열어 그 사이로 폐로부터의 공기가 지나가게 하여 마찰시켜 소리를 낸다. 이 때 성대는 떨리게 된다. 한국어로는 [으제]와 같이 소리를 내면 된다.

ジェラシー　jealousy 질투

(6) チェ[ʧe] ◀))

이 음의 자음 음 [ʧ]은 「チ」음의 자음 음과 같이 혀 끝을 윗니 바로 뒤의 딱딱한 살 부분 보다 조금 더 안 쪽에 붙였다가 조금 열어 그 사이로 폐로부터의 공기가 지나가게 하여 마찰시켜 소리를 낸다. 이 때 성대는 떨리지 않는다. 한국어로는 [체] 발음을 약하고 부드럽게 발음하면 된다.

チェロ　cello 첼로

(7) ツァ[tsa], ツィ[tsi], ツェ[tse], ツォ[tso] ◀))

이 음의 자음 음 [ts]는 「ツ」음의 자음 음과 같이 혀 끝을 윗니 바로 뒤의 딱딱한 살 부분에 붙였다가 조금 열어 그 사이로 폐로부터의 공기가 지나가게 하여 마찰시켜 소리를 낸다. 이 때 성대는 떨리지 않는다. 한국어로는 [짜], [찌], [쩨], [쪼]와 같이 발음하면 무난하다.

モーツァルト　Mozart 모짜르트(인명)

ソルジェニーツィン　solzhenitsyn 솔제니친(인명)

コンツェルン　konzern 기업합동

カンツォーネ　canzone 칸초네

(8) ティ[ti] ◀)))

이 음의 자음 [t]는「タ, テ, ト」의 자음의 음과 같이 혀 끝을 윗니 바로 뒤의 딱딱한 살 부분에 붙였다가 급히 파열시켜 폐로부터의 공기를 나가게 하여 소리를 낸다. 이 때 성대는 떨리지 않는다. 한국어로는 [티] 발음을 약하고 부드럽게 발음하면 된다.

パーティー　party 파티

(9) トゥ[tɯ] ◀)))

이 음의 자음 [t]는「タ, テ, ト」의 자음의 음과 같이 혀 끝을 윗니 바로 뒤의 딱딱한 살 부분에 붙였다가 급히 파열시켜 폐로부터의 공기를 나가게 하여 소리를 낸다. 이 때 성대는 떨리지 않는다. 한국어로는 [투] 발음을 약하고 부드럽게 발음하면 된다.

トゥー　two 둘 (ツー도 사용)

(10) テュ[tjɯ] ◀)))

이 음의 자음 [t]는「タ, テ, ト」의 자음의 음과 같이 혀 끝을 윗니 바로 뒤의 딱딱한 살 부분에 붙였다가 급히 파열시켜 폐로부터의 공기를 나가게 하여 소리를 낸다. 이 때 성대는 떨리지 않는다. 한국어로는 [튜]로 발음하면 된다.

テューブ　tube 튜브 (チューブ도 사용)

(11) ディ[di] ◀)))

이 음의 자음 [d]는「だ, で, ど」의 자음의 음과 같이 혀 끝을 세워 윗니 뒤쪽에 붙였다가 떼면서 소리를 낸다. 이 때 성대는 떨리게 된다. 한국어로는 [으디]와 같이 발음하면 된다.

ボディ　body 몸

(12) ドゥ[dɯ] ◀》)

이 음의 자음 [d]는 「だ, で, ど」의 자음의 음과 같이 혀 끝을 세워 윗니 뒤쪽에 붙였다가 떼면서
소리를 낸다. 이 때 성대는 떨리게 된다. 한국어로는 [ㅇ두]와 같이 발음하면 된다.

ヒンドゥー　Hindu 힌두 (ヒンズー, ヒンヅーも 사용)

(13) デュ[djɯ] ◀》)

이 음의 자음 [d]는 「だ, で, ど」의 자음의 음과 같이 혀 끝을 세워 윗니 뒤쪽에 붙였다가 떼면서
소리를 낸다. 이 때 성대는 떨리게 된다. 한국어로는 [ㅇ듀]와 같이 발음하면 된다.

デュエット　duet 듀엣

(14) ファ[ɸa], フィ[ɸi], フェ[ɸe], フォ[ɸo] ◀》)

이 음의 자음 [ɸ]는 「ふ」의 자음의 음과 같이 양 입술을 좁혀 그 사이로 폐로부터의 공기가 나오
면서 마찰을 일으켜 내는 소리이다. 이 때 성대의 떨림은 일어나지 않는다. 한국어로는 [화], [휘],
[훼], [훠]와 같이 발음하면 무난하다.

ファイル　file 파일　　フィールド　field 필드　　パーフェクト　perfect 퍼팩트
ユニフォーム　uniform 유니폼

(15) フュ[ɸjɯ] ◀》)

이 음의 자음 [ɸ]는 「ふ」의 자음의 음과 같이 양 입술을 좁혀 그 사이로 폐로부터의 공기가 나오
면서 마찰을 일으켜 내는 소리이다. 이 때 성대의 떨림은 일어나지 않는다. 한국어로는 [휴]와 같
이 발음하면 무난하다.

フュージョン　fusion 퓨전(음악의 종류)

(16) ヴァ[va], ヴィ[vi], ヴ[vɯ], ヴェ[ve], ヴォ[vo] ◀))

이 음들의 자음은 원래 [v]음인데 이 음을 실질적으로 내기는 힘들기 때문에 자음 [b]의 음으로 대신한다. 자음 [b]의 음은 ば行음의 자음과 같이 양 입술을 오므렸다가 갑자기 열면서 소리를 낸다. 이 때 성대는 떨리게 된다. 한국어로는 [ㅇ봐], [ㅇ뷔], [ㅇ브], [ㅇ붸], [ㅇ붜]와 같이 발음하면 무난하다.

> ヴァイオリン   violin 바이올린 (バイオリン도 사용)
> ヴィーナス   venus 비너스 (ビーナス도 사용)
> オリーヴ   olive 올리브 (オリーブ도 사용)
> ヴェール   veil 베일 (ベール도 사용)
> ヴォルガ   Volga 볼가 (ボルガ도 사용)

(17) ヴュ[vyɯ] ◀))

이 음의 자음은 원래 [v]음인데 이 음을 실질적으로 내기는 힘들기 때문에 자음 [b]의 음으로 대신한다. 자음 [b]의 음은 ば行음의 자음과 같이 양 입술을 오므렸다가 갑자기 열면서 소리를 낸다. 이 때 성대는 떨리게 된다. 한국어로는 [ㅇ뷰]와 같이 발음하면 된다.

> インタヴュー   interview 인터뷰 (インタビュー도 사용)

(18) ウィ[wi], ウェ[we], ウォ[wo] ◀))

이 음의 자음의 음은 「わ」의 자음의 음과 같이 양 입술을 좁힌 상태에 폐로부터의 공기가 마찰되면서 나오는 소리이다. 이 때 성대는 떨리게 된다. 한국어로는 [위], [웨], [워]와 같이 발음하면 무난하다.

> ウィンク   wink 윙크 (ウインク도 사용)
> ウェット   wet 젖은 (ウエット도 사용)
> ウォーター   water 물 (ウオーター도 사용)

④ 외래어음의 일본식 표기 ───────────────○

　현재 일본어의 외래어 표기는 1991년 6월 28일 内閣告示 제2호 『外来語の表記』에 의해 이루어지고 있다. 이 내각고시에 의해 새로운 외래어음의 일본식 표기가 33개 추가되었다. 이 표기의 특징은 대부분 원음이나 원래의 철자에 가깝게 표기하려고 하는 경우에 이용된다. 이 표기를 한 글자 한 글자씩 익혀보도록 하자. 다음 각각의 가나를 순서에 맞게 써 보세요.

표기	1	2	3	4	5	6	7	8
イエ [je]								
クァ [kwa]								
クィ [kwi]								
クェ [kwe]								
クォ [kwo]								
グァ [gwa]								
シェ [ʃe]								
ジェ [dʒe]								
チェ [ʧe]								

ツァ [tsa]							
ツィ [tsi]							
ツェ [tse]							
ツォ [tso]							
ティ [ti]							
トゥ [tɯ]							
テュ [tjɯ]							
ディ [di]							
ドゥ [dɯ]							
デュ [djɯ]							
ファ [ɸa]							
フィ [ɸi]							

フェ[ɸe]							
フォ[ɸo]							
フュ[ɸjɯ]							
ヴァ[va]							
ヴィ[vi]							
ヴ[vɯ]							
ヴェ[ve]							
ヴォ[vo]							
ヴュ[vyɯ]							
ウィ[wi]							
ウェ[we]							
ウォ[wo]							

일본어 IME를 이용하여 입력할 때는 일반적으로 로마자로 입력합니다.　아래의 표는 히라가나와 가타카나를 같이 표기한 것입니다. 표에 제시되어 있는 로마자를 보고 일본어를 입력해 보세요.

〈清音〉

	a행	ka행	sa행	ta행	na행	ha행	ma행	ya행	ra행	wa행	
a단	あ ア a	か カ ka	さ サ sa	た タ ta	な ナ na	は ハ ha	ま マ ma	や ヤ ya	ら ラ ra	わ ワ wa	
i단	い イ i	き キ ki	し シ si	ち チ ti	に ニ ni	ひ ヒ hi	み ミ mi		り リ ri		
u단	う ウ u	く ク ku	す ス su	つ ツ tu	ぬ ヌ nu	ふ フ hu	む ム mu	ゆ ユ yu	る ル ru		
e단	え エ e	け ケ ke	せ セ se	て テ te	ね ネ ne	へ ヘ he	め メ me		れ レ re		
o단	お オ o	こ コ ko	そ ソ so	と ト to	の ノ no	ほ ホ ho	も モ mo	よ ヨ yo	ろ ロ ro	を ヲ wo	ん ン nn

〈濁音·半濁音〉

	ga행	za행	da행	ba행	Pa행
a단	が ガ ga	ざ ザ za	だ ダ da	ば バ ba	ぱ パ pa
i단	ぎ ギ gi	じ ジ zi	ぢ ヂ di	び ビ bi	ぴ ピ pi
u단	ぐ グ gu	ず ズ zu	づ ヅ du	ぶ ブ bu	ぷ プ pu
e단	げ ゲ ge	ぜ ゼ ze	で デ de	べ ベ be	ぺ ペ pe
o단	ご ゴ go	ぞ ゾ zo	ど ド do	ぼ ボ bo	ぽ ポ po

<拗音의 清音>

か行拗音	さ行拗音	た行拗音	な行拗音	は行拗音	ま行拗音	ら行拗音
きゃ キャ kya	しゃ シャ sya	ちゃ チャ tya	にゃ ニャ nya	ひゃ ヒャ hya	みゃ ミャ mya	りゃ リャ rya
きゅ キュ kyu	しゅ シュ syu	ちゅ チュ tyu	にゅ ニュ nyu	ひゅ ヒュ hyu	みゅ ミュ myu	りゅ リュ ryu
きょ キョ kyo	しょ ショ syo	ちょ チョ tyo	にょ ニョ nyo	ひょ ヒョ hyo	みょ ミョ myo	りょ リョ ryo

<拗音의 濁音·半濁音>

が行拗音	ざ行拗音	だ行拗音	ば行拗音	ぱ行拗音
ぎゃ ギャ gya	じゃ ジャ zya	ぢゃ ヂャ dya	びゃ ビャ bya	ぴゃ ピャ pya
ぎゅ ギュ gyu	じゅ ジュ zyu	ぢゅ ヂュ dyu	びゅ ビュ byu	ぴゅ ピュ pyu
ぎょ ギョ gyo	じょ ジョ zyo	ぢょ ヂョ dyo	びょ ビョ byo	ぴょ ピョ pyo

<撥音·促音·長音>

○ 撥音　ん/ン　nn

○ 促音　っ/ッ　xtu

○ 長音　 ―　ー

<外来語音>

(1) イェ　ixe

(2) クァ　kuxa,　　クィ　kuxi,　　クェ　kuxe,　　クォ　kuxo

(3) グァ　guxa

(4) シェ　sixe

(5) ジェ　zixe

(6) チェ　tixe

(7) ツァ　tuxa,　　ツィ　tuxi,　　ツェ　tuxe,　　ツォ　tuxo

(8) ティ texi

(9) トゥ toxu

(10) テュ texyu

(11) ディ dexi

(12) ドゥ doxu

(13) デュ dexyu

(14) ファ huxa,　フィ huxi,　フェ huxe,　フォ huxo

(15) フュ huxyu

(16) ウィ uxi,　ウェ uxe,　ウォ uxo

(17) ヴ vu

(18) ヴァ vuxa

(19) ヴィ vuxi

(20) ヴェ vuxe

(21) ヴォ vuxo

(22) ヴュ vuxyu

연습문제

(1) 아래의 일본어 예를 일본어 IME를 이용하여 연습해 보세요.

① のむらさん 노무라씨 ⇨ _____

② かいしゃ 회사 ⇨ _____

③ バナナ 바나나 ⇨ _____

④ ニュース 뉴스 ⇨ _____

⑤ きっぷ 표 ⇨ _____

⑥ しんねん 신년 ⇨ _____

⑦ デュエット 듀엣 ⇨ _____

⑧ ヴィーナス venus 비너스 ⇨ _____

⑨ クェスチョン question 질문 ⇨ _____

⑩ 私は会社員です。 나는 회사원입니다. ⇨ _____

제4과

인사표현 및 명사문 I

☐ はじめまして	처음 뵙겠습니다
☐ ~です	~입니다
☐ どうぞ	부디
☐ よろしく	잘
☐ おねがいします	부탁합니다/부탁 드립니다.
☐ おはようございます	안녕하십니까/안녕하세요(아침인사)
☐ こんにちは	안녕하십니까/안녕하세요/안녕(점심인사)
☐ こんばんは	안녕하십니까/안녕하세요/안녕(저녁인사)
☐ おひさしぶりです	오래간만입니다
☐ こちらこそ	저야말로
☐ ~は	~은/는
☐ はい	예/네
☐ そうです	그렇습니다
☐ いいえ	아니요
☐ ~ではありません	~이/가 아닙니다
☐ 先(さき)に	먼저
☐ わたし	나(1인칭대명사)
☐ あなた	너 또는 당신(2인칭대명사)
☐ 彼(かれ)	저 사람 또는 그, 그 사람(3인칭대명사)
☐ 彼女(かのじょ)	저 여자 또는 그녀, 그 여자(3인칭대명사)

☐ 学生(がくせい)	학생
☐ 会社員(かいしゃいん)	회사원
☐ 学者(がくしゃ)	학자
☐ 先生(せんせい)	선생님
☐ 公務員(こうむいん)	공무원
☐ 銀行員(ぎんこういん)	은행원
☐ お医者(いしゃ)さん	의사선생님
☐ 看護師(かんごし)	간호사
☐ 大学生(だいがくせい)	대학생
☐ 高校生(こうこうせい)	고등학생
☐ 中学生(ちゅうがくせい)	중학생
☐ 小学生(しょうがくせい)	초등학생
☐ 記者(きしゃ)	기자
☐ 俳優(はいゆう)	배우
☐ 韓国人(かんこくじん)	한국인
☐ 日本人(にほんじん)	일본인
☐ 中国人(ちゅうごくじん)	중국인
☐ ドイツ人	독일인
☐ デザイナー	디자이너
☐ 渡辺(わたなべ)さん	와타나베 씨
☐ 鈴木(すずき)さん	스즈키씨
☐ 野口君(のぐちくん)	노구찌군
☐ 田中(たなか)	다나까

☐ 佐藤(さとう)　　　　　사토

☐ 金(キム)　　　　　　　김

☐ 李(イ)　　　　　　　　이

1 인사표현 ◀»

① 처음 만났을 때

A: はじめまして。金(キム)です。どうぞよろしくおねがいします。
처음 뵙겠습니다. 김[이름]입니다. 잘 부탁합니다.

B: はじめまして。佐藤(さとう)です。よろしくおねがいします。
처음 뵙겠습니다. 사토입니다. 잘 부탁합니다.

② 다시 만났을 때의 인사표현

[아침 또는 낮12시 이전]

A: おはようございます。
안녕하십니까. /안녕하세요.

B: おはようございます。
안녕하십니까. /안녕하세요.

[점심이나 해 지기 전 오후]

A: こんにちは。
안녕하십니까. /안녕하세요. /안녕.

B: こんにちは。
안녕하십니까. /안녕하세요. /안녕.

[해가 진 뒤의 오후나 밤]

A: こんばんは。
안녕하십니까. /안녕하세요. /안녕.

B: こんばんは。
안녕하십니까. /안녕하세요. /안녕.

③ 오래간만에 만났을 때

A: 金(キム)さん。おひさしぶりです。
김[이름] 씨. 오래간만입니다. /오래간만이에요.

B: こちらこそ、おひさしぶりです。
저야말로, 오래간만입니다. /오래간만이에요.

② 명사문 Ⅰ ◄)) ──────────────────────────○

① 상대의 신분을 물을 때

A: 金(キム)さんは学生(がくせい)ですか。
김[이름] 씨는 학생입니까?/학생이에요?

B: はい、そうです。
네, 그렇습니다. /그래요.

B': いいえ、学生(がくせい)ではありません。会社員(かいしゃいん)です。
아니요, 학생이 아닙니다. /회사원입니다.

B": いいえ、会社員(かいしゃいん)です。
아니요, 회사원입니다. /회사원이에요.

1 はじめまして ─────────────────────────────○

○ 한국어로 '처음 뵙겠습니다'로 해석된다.
○ 처음 만난 사람에게 처음으로 하는 인사이다.

2 金(キム)です ─────────────────────────────○

○ 「~です」는 한국어로 '~입니다'에 해당하며 일반적으로 체언(명사, 대명사, 수사)이 온다.
○ 일반적으로 자신의 '성+です'로 표현한다.
○ 한국인의 경우 '성'이 많지 않기 때문에 자신의 성과 이름 모두를 넣어서 표현하는 편이 정확하고 효과적이다.

　　　李です。 이입니다.
　　　李シウです。 이시우입니다.

3 どうぞよろしくおねがいします ─────────────────○

○ 「どうぞよろしくおねがいします」는 한 덩어리가 인사말같이 '부디 잘 부탁합니다'로 해석된다.
○ 「おねがいします」를 생략한 「どうぞよろしく」의 형태로도 같은 의미로 사용한다.
○ 「どうぞ」는 청자에게 무엇인가를 먼저 하기를 권하거나 허가를 할 때 등에 사용된다.

　　　お先(さき)にどうぞ。 먼저 하시죠. /먼저 드시죠.
　　　どうぞ(お入(はい)りください)。 들어 오시죠.

○「どうぞ」라는 표현에 은혜를 입은 상대는「どうも」라는 표현으로 화답하는 경우가 많다.「どうも」는 본래 "아무래도", "도무지"와 같이 의문이나 불확실성을 나타내는 부사이다. 하지만「どうぞ」에 화답하는「どうも」의 경우는 "정말, 참, 매우"로 해석되는 감동사로, 화답하는 표현「どうも、ありがとうございます」또는「どうも、ありがとう」에서「ありがとうございます」,「ありがとう」를 생략한 형태로 사용한 경우이다.

○「よろしく」는 본래 형용사「よろしい」의 연용형이며「よい」의 격식차린 말씨로 "좋다, 괜찮다"의 의미로 사용된다. 여기에서는 부사적 용법으로 "적당히, 적절히"나 "잘"의 의미로 사용되고 있다.

○「よろしく」는「よろしく(お)願(ねが)いします 잘 부탁합니다」의 준말로도 사용이 가능하므로「よろしく」만을 사용하기도 한다. 또한「よろしく」는「よろしくお伝(つた)えください 잘 안부 전해 주십시오」의 준말로도 사용이 가능하여,「ほかの方(かた)にもよろしく 다른 분께도 안부 전해 주세요」와 같이 청자에게 대신 안부를 전해달라고 할 때에도 사용된다.

○「おねがいします」는 '부탁합니다'로 해석되는 겸양표현이나 현재는「お+동사의 연용형+いたす」가 일반적인 겸양표현이 되어「お+동사의 연용형+する」형태의 겸양표현은 그 대우의 정도가 떨어진 상태이다. 대우의 정도를 높이기 위해서는「お願(ねが)いいたします」의 표현을 쓴다.

④ おはようございます/こんにちは/こんばんは ──────────○

○「おはようございます」는 다시 만났을 때의 아침인사이지만 사실 아침부터 낮 12시전 정도 사이에 사용하는 것이 일반적이다.

○「こんにちは」는 다시 만났을 때의 낮 인사이지만 실질적으로는 낮12시를 넘어 해지기 전까지에 사용된다.

○「こんばんは」는 다시 만났을 때의 저녁인사이지만 실질적으로는 해가 진 후부터 밤까지 사용된다.

○「こんにちは」,「こんばんは」의「は」는 [wa]로 발음된다.

5 こちらこそ、おひさしぶりです ─────────────────────○

○ 「こちらこそ」는 '저야말로'로 해석되어지는데 여기에서 「こちら」는 현재는 주로 방향'이
쪽'을 나타내지만 또 다른 용법으로 말하는 자기자신을 낮추어 '저'로서도 사용된다.

○ 「こそ」는 副助詞로 일반적으로는 화자가 강하게 표현하고 싶은 것이 있을 경우 체언에 붙
여서 사용한다.

○ 「おひさしぶりです」는 '오래간만입니다'로 해석되어지는데 엄밀하게 말하면 「お~です」
의 형태로 존경의 의미를 나타내는 표현이다.

○ 「お」를 빼고 「ひさしぶりです」라는 표현도 사용하는데 주로 남자들이 사용하는 경향이
있다.

　　　鈴木(すずき)さん、ひさしぶりです。 스즈키씨. 오래간만입니다.

○ 친한 사이나 손 아래 아는 사람에게는 「ひさしぶり」만의 표현도 사용한다.

　　　田中(たなか)、ひさしぶり。 다나까, 오래간만이야.
　　　野口君(のぐちくん)、ひさしぶり。 노구치군, 오래간만이야.

6 はい、そうです ─────────────────────○

○ 「はい」는 응답사로 '예' 또는 '네'로 해석되며 「ええ」 또는 「うん」보다는 정중한 표현이다.

○ 「いいえ」는 「はい」의 반대말로 '아니요'에 해당되며 「いや」 또는 「ううん」(고개를 가로로
저으면서)의 표현보다 정중한 표현이다.

○ 「そうです」는 「はい」와 함께 긍정의 표현으로 사용되며 '그렇습니다' 또는 '그래요'로 해
석된다.

1 ～です(～입니다)

- 「です」는 '입니다'로 해석되며 정중한 단정표현이며 명사문을 만든다.
- 「です」 앞에는 기본적으로 체언(명사, 대명사, 수사) 또는 체언상당의 구가 온다.

> 会社員(かいしゃいん)です。 회사원입니다.
>
> 彼(かれ)です。 그 (사람)입니다.
>
> 1(いち)です。 1입니다.

2 ～ではありません(～이(가) 아닙니다)

- 「～ではありません」은 명사문 「～です」의 부정표현으로 '～이/가 아닙니다'로 해석된다.
- 「～ではありません」 앞에도 기본적으로 체언(명사, 대명사, 수사) 또는 체언상당의 구가 온다.

> 会社員(かいしゃいん)ではありません。 회사원이 아닙니다.
>
> 彼(かれ)ではありません。 그 (사람)이 아닙니다.
>
> 1(いち)ではありません。 1이 아닙니다.

3 ～は ～ですか(～은(는)～입니까?)

- 「は」는 일반적으로 '은/는'으로 해석되며 조사이기 때문에 [wa]로 발음한다.
- 「ですか」는 '입니까'로 해석되며 정중한 의문표현이 된다.
- 「は」와 「ですか」 앞에는 기본적으로 체언(명사, 대명사, 수사) 또는 체언상당의 구가 온다.

> 彼女(かのじょ)は学生(がくせい)ですか。 그녀는 학생입니까?
>
> この文字(もじ)は二(に)ですか。 이 글자는 2입니까?

(1)

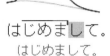

はじめまして。

はじめまして。

きむです。

キムです。

どうぞよろしくおねがいします。

どうぞよろしくおねがいします。

(2)

きむさんはがくせいですか。

キムさんは学生ですか。

はい、 そうです。

はい、 そうです。

(3)

いいえ、　がくせいではありません。
いいえ、　　　　学生ではありません。

かいしゃいんです。
会社員です。

여기에서는 섀도잉 연습을 합니다. 이 연습은 원어민이 말하는 것을 동시에 소리 내어 따라서 발음해 보는 것으로 자연스럽게 악센트와 인토네이션을 익힐 수 있습니다. 최소한 5번씩 소리내어 연습을 해 보시고 녹음버튼을 눌러 원어민의 음성을 들으면서 동시에 자신의 발음을 녹음해 보십시오. 녹음 후에 비교버튼을 누르면 원어민과 여러분의 음성을 동시에 들을 수 있습니다.

■ 다음의 문장을 들으면서 바로 따라서 발음하시오. 최소한 5번씩은 반복연습 하시오.

○ 처음 만났을 때

A: はじめまして。金(キム)です。どうぞよろしくおねがいします。
처음 뵙겠습니다. 김[이름]입니다. 잘 부탁합니다.

B: はじめまして。佐藤(さとう)です。よろしくおねがいします。
처음 뵙겠습니다. 사토입니다. 잘 부탁합니다.

○ 상대의 신분을 물을 때 I

A: 金(キム)さんは学生(がくせい)ですか。
김[이름] 씨는 학생입니까?/학생이에요?

B: はい、そうです。
네, 그렇습니다. /그래요.

○ 상대의 신분을 물을 때 II

A: 金(キム)さんは学生(がくせい)ですか。
김[이름] 씨는 학생입니까?/학생이에요?

B: いいえ、学生(がくせい)ではありません。会社員(かいしゃいん)です。
아니요, 학생이 아닙니다. /아니에요. 회사원입니다. /회사원입니다.

数詞

(1) 한어수사

☐ 1 　　　　　　　いち(一)

☐ 2 　　　　　　　に(二)

☐ 3 　　　　　　　さん(三)

☐ 4 　　　　　　　よん・し(四)

☐ 5 　　　　　　　ご(五)

☐ 6 　　　　　　　ろく(六)

☐ 7 　　　　　　　なな・しち(七)

☐ 8 　　　　　　　はち(八)

☐ 9 　　　　　　　きゅう・く(九)

☐ 10 　　　　　　じゅう(十)

☐ 20 　　　　　　にじゅう(二十)

☐ 30 　　　　　　さんじゅう(三十)

☐ 40 　　　　　　よんじゅう・しじゅう(四十)

☐ 50 　　　　　　ごじゅう(五十)

☐ 60 　　　　　　ろくじゅう(六十)

☐ 70 　　　　　　ななじゅう・しちじゅう(七十)

☐ 80 　　　　　　はちじゅう(八十)

☐ 90 　　　　　　きゅうじゅう(九十)

☐ 100 　　　　　ひゃく(百)

☐	200	にひゃく(二百)
☐	300	さんびゃく(三百)
☐	400	よんひゃく(四百)
☐	500	ごひゃく(五百)
☐	600	ろっぴゃく(六百)
☐	700	ななひゃく(七百)
☐	800	はっぴゃく(八百)
☐	900	きゅうひゃく(九百)
☐	1,000	せん(千)
☐	10,000	いちまん(一万)
☐	100,000	じゅうまん(十万)
☐	1,000,000	ひゃくまん(百万)
☐	10,000,000	(いっ)せんまん((一)千万)
☐	100,000,000	いちおく(一億)
☐	1,000,000,000,000	いっちょう(一兆)
☐	2,000,000,000,000	にちょう(二兆)
☐	3,000,000,000,000	さんちょう(三兆)
☐	4,000,000,000,000	よんちょう(四兆)
☐	5,000,000,000,000	ごちょう(五兆)
☐	6,000,000,000,000	ろくちょう(六兆)
☐	7,000,000,000,000	ななちょう(七兆)
☐	8,000,000,000,000	はっちょう(八兆)
☐	9,000,000,000,000	きゅうちょう(九兆)
☐	10,000,000,000,000	じゅっちょう(十兆)

(2) 고유어 수사

☐	하나	ひとつ
☐	둘	ふたつ
☐	셋	みっつ
☐	넷	よっつ
☐	다섯	いつつ
☐	여섯	むっつ
☐	일곱	ななつ
☐	여덟	やっつ
☐	아홉	ここのつ
☐	열	とお

(열하나부터 한어숫자와 같음.)

연습문제

(1) 다음을 한자가나혼용체로 하여 작문하시오.

① 기자입니다.　　　　　　　⇨ _____
　 기자가 아닙니다.　　　　　⇨ _____

② 디자이너입니다.　　　　　⇨ _____
　 디자이너가 아닙니다.　　　⇨ _____

③ 한국 사람입니다.　　　　　⇨ _____
　 한국 사람이 아닙니다.　　　⇨ _____

④ 저 여자는 간호사입니까?　⇨ _____

⑤ 당신은 공무원입니까?　　　⇨ _____

(2) 다음을 히라가나로 표기하여 작문하시오.

① 초등학생입니다.　　　　　⇨ _____

② 스튜어디스입니다.　　　　⇨ _____

③ 배우가 아닙니다.　　　　　⇨ _____

④ 독일인입니다.　　　　　　⇨ _____

⑤ 와타나베씨는 학자입니까?⇨ _____

명사문 Ⅱ (こ・そ・あ・ど)

☐ この	이
☐ その	그
☐ あの	저
☐ どの	어느
☐ これ	이것
☐ それ	그것
☐ あれ	저것
☐ どれ	어느 것
☐ ここ	여기
☐ そこ	거기
☐ あそこ	저기
☐ どこ	어디
☐ こちら(こっち)	이 쪽
☐ そちら(そっち)	그 쪽
☐ あちら(あっち)	저 쪽
☐ どちら(どっち)	어느 쪽
☐ 何(なん)	무엇
☐ 何(なん)の	무슨
☐ テレビ	텔레비전
☐ 本(ほん)	책

☐ 薬(くすり)	약
☐ 机(つくえ)	책상
☐ 犬(いぬ)	개
☐ 車(くるま)	차
☐ ボールペン	볼펜
☐ 辞書(じしょ)	사전
☐ 雑誌(ざっし)	잡지
☐ 鞄(かばん)	가방
☐ 日本語(にほんご)	일본어
☐ 中国語(ちゅうごくご)	중국어
☐ 映画(えいが)	영화
☐ ～の	～의/～것・산(소유격 조사)
☐ 誰(だれ)	누구
☐ 私(わたし)	나/내(1인칭 대명사)
☐ 弟(おとうと)	남동생
☐ 妹(いもうと)	여동생
☐ ああ	아아(감탄사)
☐ 学校(がっこう)	학교
☐ 講堂(こうどう)	강당
☐ 図書館(としょかん)	도서관
☐ 郵便局(ゆうびんきょく)	우체국
☐ トイレ	화장실
☐ 銀行(ぎんこう)	은행

☐ 建物(たてもの)	건물
☐ 東京駅(とうきょうえき)	동경역
☐ 上(うえ)	위
☐ 下(した)	아래, 밑
☐ 右側(みぎがわ)	오른 쪽
☐ 左側(ひだりがわ)	왼 쪽
☐ 中(なか)	안, 속
☐ 前(まえ)	앞
☐ 後ろ(うしろ)	뒤
☐ 横(よこ)	옆
☐ 隣(となり)	옆
☐ 外(そと)	바깥
☐ そば	곁

1 「これ」「それ」「あれ」「どれ」의 표현 ◀》 ─────────────────○

① 어떤 물건을 지칭할 때 A와 B가 서로 가까이 있을 경우

   A: これは何(なん)ですか。
     이것은 무엇입니까?

   B: これはテレビです。
     이것은 텔레비전입니다.

② 지칭하는 물건이 A쪽에서는 멀고 B쪽에서는 가까울 경우

   A: それは何(なん)ですか。
     그것은 무엇입니까?

   B: これは本(ほん)です。
     이것은 책입니다.

   A: 何(なん)の本(ほん)ですか。
     무슨 책입니까?

   B: 日本語(にほんご)の本(ほん)です。
     일본어 책입니다.

   A: 誰(だれ)のですか。
     누구 것입니까?

   B: 私(わたし)のです。
     제 것입니다.

③ A와 B가 서로 가까이에 있고 지칭하는 것이 멀리 있을 경우

   A: あれは何(なん)ですか。
     저것은 무엇입니까?

B: どれですか。

어느 것 말입니까?

A: あれです。

저거 말입니다.

B: ああ、あれですか。学校(がっこう)です。

아아, 저거 말입니까? 학교입니다.

② 「ここ」「そこ」「あそこ」「どこ」의 표현 🔊 ─────────────○

① A와 B가 모두 같은 장소에 있고 자신들이 있는 장소를 지칭할 경우

A: ここはどこですか。

여기는 어디입니까?

B: ここは講堂(こうどう)です。

여기는 강당입니다.

② A와 B가 서로 다른 장소에 있을 경우

A: そこはどこですか。

거기는 어디입니까?

B: ここは図書館(としょかん)です。

여기는 도서관입니다.

③ A와 B가 모두 같은 장소에 있고 A와 B가 있는 곳에서 멀리 떨어진 장소를 지칭할 경우

A: あそこはどこですか。

저기는 어디입니까?

B: あそこは郵便局(ゆうびんきょく)です。

저기는 우체국입니다.

④ 구체적인 장소를 묻는 질문에 손으로 가리키면서 대답할 경우

A: トイレはどこですか。

화장실은 어디입니까?

B: ここです。

여기입니다.

B': あそこです。

저기입니다.

⑤ 구체적인 장소를 묻는 질문에 위치명사를 이용하여 대답할 경우

A: 銀行(ぎんこう)はどこですか。

은행은 어디입니까?

B: あの建物(たてもの)の後(うし)ろです。

저 건물 뒤입니다.

3 「こちら」「そちら」「あちら」「どちら」의 표현 ◀》 ⎯⎯⎯⎯⎯⎯⎯⎯⎯○

① 단순히 방향을 물을 경우

A: 東京駅(とうきょうえき)はどちらですか。

동경역은 어느 쪽 입니까?

B: こちらです。

이 쪽 입니다.

B': あちらです。

저 쪽 입니다.

1 何(なん)ですか ─────────────────────────○

○ 「무엇입니까?」로 해석된다.

○ 何(なん)은 "무엇"이라는 의미의 의문사이다.

○ 何를 「なん」으로 읽을 때는 뒤에 [d, t, n]음이 오거나 조수사가 올 때이며, 「なに」로 읽을 때는 뒤에 이러한 것들이 오지 않을 때이다.

> これは何(なん)で[d]すか。 이것은 무엇입니까?
>
> これは何(なん)と[t]言(い)いますか。 이것은 뭐라고 합니까?
>
> これは何の[n]映画ですか。 이것은 무슨 영화입니까?

○ 「なん」은 "몇 ～"의 의미로 사용되며 「なに」는 "어떤/무슨～"의 의미로 사용된다.

> A: これは何色(なんしょく)ですか。 이것은 몇 색입니까?
>
> B: 二色(にしょく)です。 두 색입니다.
>
> A: これは何色(なにいろ)ですか。 이것은 무슨 색입니까?
>
> B: 赤色(あかいろ)です。 빨간 색입니다.
>
> A: そこに何人(なんにん)いますか。 거기에 몇 명 있습니까?
>
> B: 三人(さんにん)います。 세 명 있습니다.
>
> A: その人は何人(なにじん)ですか。 그 사람은 어느 나라 사람입니까?
>
> B: ドイツ人(じん)です。 독일인입니다.

○ 명사를 수식할 때는 「何(なん)の」의 형태로 "무슨"이라고 해석된다.

> 何(なん)の本(ほん) 무슨 책

何(なん)の薬(くすり)　무슨 약

② 誰(だれ) ──────────────────────────────────○

○ 의문사로써 사람을 지칭할 때 사용하며 "누구"로 해석된다.

> A: 誰(だれ)ですか。누구입니까?
> B: 弟(おとうと)です。남동생입니다.

③ どれですか ──────────────────────────────○

○ 「どれ」는 의문사로 "어느 것"이며 「ですか」는 "입니까"이므로 "어느 것입니까"로 해석되는 것이 일반적이지만, 화자가 어떤 것을 지칭하여 물었을 때 어떤 것인지 몰라 되묻게 될 때는 「ですか」가 "말입니까?"로 해석된다.

> A: それは何(なん)ですか。그것은 무엇입니까?
> B: どれですか。어느 것 말입니까?

○ 「どれ」와 「どっち」의 구분
「どれ」는 세 개 이상의 많은 것들 중에 하나를 고를 때 사용하며 「어느 것」으로 해석된다. 이에 반해 「どっち」는 보통 방향을 나타내 「어느 쪽」으로 해석되지만 물건을 가리킬 때도 있다. 이 때는 두 개의 물건 중에 어느 하나를 고를 때 사용하며 「어느 것」, 「어느 쪽」으로 해석된다.

> A: どれにしますか。어느 것으로 하겠습니까?
> B: これにします。(세 개 이상의 물건 중에)이것으로 하겠습니다.

> A: 辞書(じしょ)と雑誌(ざっし)、どっちにしますか。
> 　　사전과 잡지, 어느 것으로 하겠습니까?
> B: 辞書(じしょ)にします。사전으로 하겠습니다.

上(うえ)위, 下(した)아래, 밑, 右側(みぎがわ)오른 쪽, 左側(ひだりがわ)왼 쪽, 中(なか)안, 속, 前(まえ)앞, 後ろ(うしろ)뒤, 横(よこ)옆, 隣(となり)옆, 外(そと)바깥, 그 옆 곁

∘ 위치명사는「체언+소유격 조사「の」」의 뒤에 오는 것이 일반적이다.

  建物(たてもの)の後ろ(うしろ) 건물 뒤

  机(つくえ)の上(うえ) 책상 위

  私(わたし)の妹(いもうと) 나의 여동생

∘ 隣(となり)와 横(よこ)의 구분
  隣(となり):비교 대상이 바로 인접하며 同種, 同系列, 同格인 경우에 주로 사용된다.
  横(よこ): 비교 대상이 바로 인접하지 않아도 되며 同格이 아닌 경우에 주로 사용된다.

  デパートは郵便局(ゆうびんきょく)の隣(となり)です。
  백화점은 우체국 옆입니다.
  犬(いぬ)は車(くるま)の横(よこ)です。 개는 차 옆입니다.

1 こ・そ・あ・ど

(1) 지시어

	명사 수식	사물	장소	방향
近称	この 이	これ 이것	ここ 여기	こちら 이 쪽 こっち
中称	その 그	それ 그것	そこ 거기	そちら 그 쪽 そっち
遠称	あの 저	あれ 저것	あそこ 저기	あちら 저 쪽 あっち
不定称	どの 어느	どれ 어느 것	どこ 어디	どちら 어느 쪽 どっち

○ 위의 단어들은 지시어에 속하는데 일반적으로 「こ・そ・あ・ど」라고 칭하여 사용한다.

○ 현장지시

　こ계열은 화자에게 가깝다고 느껴지는 경우, そ계열은 청자에게 가깝다고 느껴지는 경우, あ계열은 화자 청자 모두에게 멀게 느껴지는 경우에 사용되며 한국어의 용법과 비슷하다.

○ 문맥지시 : 문장이나 이야기 속에 나온 사항이나 기억 속에 사항을 나타내는 경우

　– 화자가 이제부터 화제로 하려고 하는 사항을 가리키는(가리키는 것이 뒤이어 나오는) 경우는, 「こ」계열은 쓰나 「そ」, 「あ」계열은 쓰지 않는다.

　　野口君(のぐちくん)、この話(はなし)知(し)っている？ 佐藤(さとう)さん結婚(けっこん)するんだって。
　　노구치군, 그 이야기 아니? 사토 상 결혼한데.

　– 지금 나온(또는 화자가 지금 꺼낸)화제 속의 사항을 나타내는 경우, 「こ」, 「そ」계열은 사용할 수 있으나 「あ」계열은 사용할 수 없다. 여기에서 「こ」계열은 그 사항을 마치 자신이

제공한 화제라고 하는 느낌을 나타내는 데 반해 「そ」계열은 객관적인 기술방법으로 그 화제로부터 거리를 두고 있다는 느낌을 준다는 점에 차이가 있다.

A: 今度(こんど)会社(かいしゃ)を辞(や)められるそうですね。
이번에 회사 그만 둔다지요.

B: ええ、そうなんです。でも、<u>この/その</u>ことは、だれにも言わないでくださいね。
예, 그래요. 그런데 이 거/그 거 누구에게도 말하지 말아 주세요.

− 상대가 말한(화자 자신은 잘 모르는) 내용을 받는 경우, 「そ」계열은 사용할 수 있으나 「こ」 「あ」계열은 사용할 수 없다.

A: 子供(こども)のころは田舎(いなか)の家(いえ)によく遊(あそ)びに行(い)きました。
어렸을 때는 시골 집에 자주 놀러 갔습니다.

B: <u>その</u>家(いえ)にはおじいさんが住(す)んでいたんですか。
그 집에는 할아버지가 살고 있었나요?

− 가정의 사항을 나타내는 경우도 「そ」계열은 사용할 수 있으나 「こ」, 「あ」계열은 사용할 수 없다.

A: 簡単(かんたん)に月(つき)へ行(い)ければいいですね。
간단히 달에 갈 수 있었으면 좋겠네요.

B: ええ、<u>そう</u>なったらすばらしいですね。
예, 그렇게 되면 대단하겠는데요.

− 화자도 청자도 함께 알고 있는 사항을 나타낼 경우 「あ」계열을 사용하고 「こ」, 「そ」계열은 사용하지 않는다.

A: きのう、亀正(かめしょう)という寿司屋(すしや)へ行(い)きました。
어제, 가메쇼라고 하는 스시집에 갔습니다.

B: ああ、<u>あそこ</u>はおいしい店(みせ)ですね。
아아, 거기 맛있는 가게죠.

(2) 한국어의 용법과 다른 예

① 화자와 청자가 같이 있고 지칭하는 물건이나 장소가 가깝지도 멀지도 않을 경우, 일본어는
そ계열을 쓰지만 한국어는 일본어의 あ계열에 해당되는「저」계열의 표현을 쓴다.

> A: <u>それ</u>は何(なん)ですか。저것은 무엇입니까?
> B: <u>それ</u>はボールペンです。저것은 볼펜입니다.

② 대화 속에 등장한 물건이나 장소를 화자와 청자가 서로 알고 있을 때 일본어는「あ」계열을
쓰나 한국어는 일본어의「そ」계열에 해당되는「그」계열의 표현을 쓴다.

> A: <u>あれ</u>、よかったね。그거 좋았었지.
> B: うん。응.

○「この」,「その」,「あの」,「どの」는 "이", "그", "저", "어느"로 해석되며 지시어 중에서도 체
언을 수식한다는 의미에서 "연체사"라고 한다.

○「こちら」,「そちら」,「あちら」,「どちら」를 회화 투로「こっち」(이 쪽),「そっち」(그 쪽),
「あっち」(저 쪽),「どっち」(어느 쪽)으로 표현하기도 한다.

② ~の

○ 체언과 체언 사이를 이어주는「소유격 조사」로 "~의"로 해석된다.

○ 한국어의 경우는 생략되는 경우가 많으나 일본어 경우는 쓰는 경우가 많다.

> 日本語(にほんご)の本(ほん) 일본어 책
> 学校(がっこう)の先生(せんせい) 학교 선생님

○ 조사「の」의 용법에는「체언1＋の＋체언2」의 형태 중에서 체언2가 소유물 또는 생산품일
경우 체언2를 생략할 수 있으며 "~것(산)"으로 해석된다.

> 私(わたし)のです。제 것입니다.
> これは日本(にほん)のです。이것은 일본산입니다.

프레이징 발음연습 ◀))

(1)

A:

それはなんですか。
それは何ですか。

B :

これはほんです。
これは本です。

(2)

A:

なんのぼんですか。
何の本ですか。

B :

にほんごのぼんです。
日本語の本です。

(3)

A:

だれのですか。
誰のですか。

B :

わたしのです。

私のです。

(4)

A:

ぎんこうはどこですか。

銀行はどこですか。

B :

あのたてもののうしろです。

あの建物のうしろです。

■ 다음의 문장을 들으면서 바로 따라서 발음하시오. 최소한 5번씩은 반복연습 하시오.

○ 지칭하는 물건이 A쪽에서는 멀고 B쪽에서는 가까울 경우

A: それは何(なん)ですか。
이것은 무엇입니까?

B: これは本(ほん)です。
그것은 책입니다.

A: 何(なん)の本(ほん)ですか。
무슨 책입니까?

B: 日本語(にほんご)の本(ほん)です。
일본어 책입니다.

A: 誰(だれ)のですか。
누구 것입니까?

B: 私(わたし)のです。
제 것입니다.

○ A와 B가 서로 가까이에 있고 지칭하는 것이 멀리 있을 경우

A: あれは何(なん)ですか。
저것은 무엇입니까?

B: どれですか。
어느 것 말입니까?

A: あれです。
저거 말입니다.

B: ああ、あれですか。学校(がっこう)です。
아아, 저거 말입니까? 학교입니다.

○ A와 B가 서로 다른 장소에 있을 경우

　A: そこはどこですか。

　　　거기는 어디입니까?

　B: ここは図書館(としょかん)です。

　　　여기는 도서관입니다.

○ 구체적인 장소를 묻는 질문에 손으로 가리키면서 대답할 경우

　A: トイレはどこですか。

　　　화장실은 어디입니까?

　B: あそこです。

　　　저기입니다.

○ 구체적인 장소를 묻는 질문에 위치명사를 이용하여 대답할 경우

　A: 銀行(ぎんこう)はどこですか。

　　　은행은 어디입니까?

　B: あの建物(たてもの)の後(うし)ろです。

　　　저 건물 뒤입니다.

○ 단순히 방향을 물을 경우

　A: 東京駅(とうきょうえき)はどちらですか。

　　　동경역은 어느 쪽 입니까?

　B: こちらです。

　　　이 쪽 입니다.

(1) 한어수사＋番(ばん) : ~번 (번호를 셀 때)

☐ 일 번   いちばん(一番)

☐ 이 번   にばん(二番)

☐ 삼 번   さんばん(三番)

☐ 사 번   よんばん・よばん(四番)

☐ 오 번   ごばん(五番)

☐ 육 번   ろくばん(六番)

☐ 칠 번   ななばん・しちばん(七番)

☐ 팔 번   はちばん(八番)

☐ 구 번   きゅうばん・(くばん)(九番)

☐ 십 번   じゅうばん(十番)

☐ 십일 번   じゅういちばん(十一番)

               ⋮

☐ 이십 번   にじゅうばん(二十番)

☐ 삼십 번   さんじゅうばん(三十番)

☐ 사십 번   よんじゅうばん(四十番)

☐ 오십 번   ごじゅうばん(五十番)

☐ 육십 번   ろくじゅうばん(六十番)

☐ 칠십 번   ななじゅうばん・しちじゅうばん(七十番)

☐ 팔십 번   はちじゅうばん(八十番)

☐ 구십 번   きゅうじゅうばん(九十番)

☐ 백 번	ひゃくばん(百番)

(2) 한어수사＋枚(まい) : ~장(종이, 티, 시디 등 얇은 물건을 셀 때)

☐ 한 장	いちまい(一枚)
☐ 두 장	にまい(二枚)
☐ 세 장	さんまい(三枚)
☐ 네 장	よんまい・(よまい)(四枚)
☐ 다섯 장	ごまい(五枚)
☐ 여섯 장	ろくまい(六枚)
☐ 일곱 장	ななまい・しちまい(七枚)
☐ 여덟 장	はちまい(八枚)
☐ 아홉 장	きゅうまい・(くまい)(九枚)
☐ 열 장	じゅうまい(十枚)
☐ 열한 장	じゅういちまい(十一枚)
⋮	
☐ 스무 장	にじゅうまい(二十枚)
☐ 서른 장	さんじゅうまい(三十枚)
☐ 마흔 장	よんじゅうまい(四十枚)
☐ 쉰 장	ごじゅうまい(五十枚)
☐ 예순 장	ろくじゅうまい(六十枚)
☐ 일흔 장	ななじゅうまい・しちじゅうまい(七十枚)
☐ 여든 장	はちじゅうまい(八十枚)
☐ 아흔 장	きゅうじゅうまい(九十枚)
☐ 백 장	ひゃくまい(百枚)

연습문제

(1) 다음을 한자가나혼용체로 하여 작문하시오. 단 외래어는 가타카나로 입력하세요.

　① 지칭하는 물건이 AB모두에게 가까이 있을 경우

　　　A: 이것은 무엇입니까?　　　⇨ _____

　　　B: 이것은 텔레비전입니다.　　⇨ _____

　② 지칭하는 물건이 B에 가깝고 A에게는 멀 경우

　　　A: 그것은 무슨 잡지입니까?　　⇨ _____

　　　B: 이것은 영화잡지입니다.　　⇨ _____

　③ 지칭하는 물건이 A에 가깝고 B에게는 멀 경우

　　　A: 이것은 무엇입니까?　　　⇨ _____

　　　B: 그것은 사전입니다.　　　⇨ _____

　④ 지칭하는 물건이 AB모두에게 멀 경우

　　　A: 저것은 무슨 건물입니까?　　⇨ _____

　　　B: 저것은 은행입니다.　　　⇨ _____

　⑤ 지칭하는 물건이 AB모두에게 가까이 있을 경우

　　　A: 이것은 누구 책입니까?　　⇨ _____

　　　B: 이것은 제 것입니다.　　　⇨ _____

(2) 다음을 히라가나로 표기하여 작문하시오.

　①A와 B가 모두 같은 장소에 있고 A와 B가 있는 곳에서 멀리 떨어진 장소를 지칭할 경우

　　　A: 저기는 어디입니까?　　　⇨ _____

　　　B: 저기는 우체국입니다.　　⇨ _____

② 구체적인 장소를 묻는 질문에 손으로 가리키면서 대답할 경우

    A: 화장실은 어디입니까? ⇨ _____

    B: 저기입니다. ⇨ _____

③ 지칭하는 물건이 AB모두에게 멀 경우

    A: 저것은 누구 가방입니까? ⇨ _____

    B: 저것은 와타나베씨 것입니다. ⇨ _____

④ A: 은행은 어디입니까? ⇨ _____

    B: 저 건물 뒤입니다. ⇨ _____

⑤ A: 화장실은 어디입니까? ⇨ _____

    B: 저 건물 안입니다. ⇨ _____

수사 I 및 존재표현

학습내용

▌ 수사 I
▌ 존재표현
▌ 프레이징을 이용한 발음연습
▌ 섀도잉 연습

☐ 一つ(ひとつ)   하나/한 개

☐ 二つ(ふたつ)   둘/두 개

☐ 三つ(みっつ)   셋/세 개

☐ 四つ(よっつ)   넷/네 개

☐ 五つ(いつつ)   다섯/다섯 개

☐ 六つ(むっつ)   여섯/여섯 개

☐ 七つ(ななつ)   일곱/일곱 개

☐ 八つ(やっつ)   여덟/여덟 개

☐ 九つ(ここのつ)   아홉/아홉 개

☐ 十(とお)   열/열 개

☐ 十一(じゅういち)   열하나

☐ 幾つ(いくつ)   몇 개

☐ ください   주세요

☐ 分かる(わかる)   알다

☐ 知る(しる)   알다

☐ いくら   얼마

☐ 円(えん)   엔(일본의 돈단위)

☐ 2500円(にせんごひゃくえん)   2500엔

☐ 研究室(けんきゅうしつ)   연구실

☐ いま   지금

☐ 番号(ばんごう)	번호
☐ 何番(なんばん)	몇 번
☐ ある	있다(무정물)
☐ いる	있다(유정물)
☐ ～と	~와/과(조사)
☐ ～や	~(이)나(조사)
☐ ベッド	침대
☐ 猫(ねこ)	고양이
☐ 0時(れいじ)	영 시
☐ 一時(いちじ)	한 시
☐ 二時(にじ)	두 시
☐ 三時(さんじ)	세 시
☐ 四時(よじ)	네 시
☐ 五時(ごじ)	다섯 시
☐ 六時(ろくじ)	여섯 시
☐ 七時(しちじ)	일곱 시
☐ 八時(はちじ)	여덟 시
☐ 九時(くじ)	아홉 시
☐ 十時(じゅうじ)	열 시
☐ 十一時(じゅういちじ)	열한 시
☐ 十二時(じゅうにじ)	열두 시
☐ 十三時(じゅうさんじ)	열세 시/십삼 시
☐ 十四時(じゅうよじ)	열네 시/십사 시

☐ 十五時(じゅうごじ)	열다섯 시/십오 시
☐ 十六時(じゅうろくじ)	열여섯 시/십육 시
☐ 十七時(じゅうしちじ)	열일곱 시/십 칠 시
☐ 十八時(じゅうはちじ)	열여덟 시/십팔 시
☐ 十九時(じゅうくじ)	열아홉 시/십구 시
☐ 二十時(にじゅうじ)	스무 시/이십 시
☐ 二十一時(にじゅういちじ)	스물한 시/이십일 시
☐ 二十二時(にじゅうにじ)	스물두 시/이십이 시
☐ 二十三時(にじゅうさんじ)	스물세 시/이십삼 시
☐ 二十四時(にじゅうよじ)	스물네 시/이십사 시
☐ 何時(なんじ)	몇 시
☐ 一分(いっぷん)	일 분
☐ 二分(にふん)	이 분
☐ 三分(さんぷん)	삼 분
☐ 四分(よんぷん)	사 분
☐ 五分(ごふん)	오 분
☐ 六分(ろっぷん)	육 분
☐ 七分(ななふん、しちふん)	칠 분
☐ 八分(はっぷん)	팔 분
☐ 九分(きゅうふん)	구 분
☐ 十分(じゅっぷん、じっぷん)	십 분
☐ 十一分(じゅういっぷん)	십일 분
☐ 十二分(じゅうにふん)	십이 분

□ 十三分(じゅうさんぷん) 십삼 분

□ 十四分(じゅうよんぷん) 십사 분

□ 十五分(じゅうごふん) 십오 분

□ 十六分(じゅうろっぷん) 십육 분

□ 十七分(じゅうななふん、じゅうしちふん) 십칠 분

□ 十八分(じゅうはっぷん) 십팔 분

□ 十九分(じゅうきゅうふん) 십구 분

□ 二十分(にじゅっぷん、にじっぷん) 이십 분

□ 三十分(さんじゅっぷん、さんじっぷん) 삼십 분

□ 四十分(よんじゅっぷん、よんじっぷん) 사십 분

□ 五十分(ごじゅっぷん、ごじっぷん) 오십 분

□ 六十分(ろくじゅっぷん、ろくじっぷん) 육십 분

□ 何分(なんぷん) 몇 분

□ 一秒(いちびょう) 일 초

□ 二秒(にびょう) 이 초

□ 三秒(さんびょう) 삼 초

□ 四秒(よんびょう) 사 초

□ 五秒(ごびょう) 오 초

□ 六秒(ろくびょう) 육 초

□ 七秒(ななびょう、しちびょう) 칠 초

□ 八秒(はちびょう) 팔 초

□ 九秒(きゅうびょう) 구 초

□ 十秒(じゅうびょう) 십 초

☐ 二十秒(にじゅうびょう)	이십 초
☐ 三十秒(さんじゅうびょう)	삼십 초
☐ 四十秒(よんじゅうびょう)	사십 초
☐ 五十秒(ごじゅうびょう)	오십 초
☐ 六十秒(ろくじゅうびょう)	육십 초
☐ 何秒(なんびょう)	몇 초
☐ 一階(いっかい)	일 층
☐ 二階(にかい)	이 층
☐ 三階(さんがい)	삼 층
☐ 四階(よんかい)	사 층
☐ 五階(ごかい)	오 층
☐ 六階(ろっかい)	육 층
☐ 七階(ななかい、しちかい)	칠 층
☐ 八階(はっかい)	팔 층
☐ 九階(きゅうかい)	구 층
☐ 十階(じゅっかい、じっかい)	십 층
☐ 何階(なんがい)	몇 층
☐ 一匹(いっぴき)	한 마리
☐ 二匹(にひき)	두 마리
☐ 三匹(さんびき)	세 마리
☐ 四匹(よんひき)	네 마리
☐ 五匹(ごひき)	다섯 마리
☐ 六匹(ろっぴき)	여섯 마리

☐ 七匹(ななひき)	일곱 마리
☐ 八匹(はっぴき)	여덟 마리
☐ 九匹(きゅうひき)	아홉마리
☐ 十匹(じゅっぴき、じっぴき)	열 마리
☐ 何匹(なんびき)	몇 마리
☐ 一人(ひとり)	한 사람
☐ 二人(ふたり)	두 사람
☐ 三人(さんにん)	세 사람
☐ 四人(よにん)	네 사람
☐ 五人(ごにん)	다섯 사람
☐ 六人(ろくにん)	여섯 사람
☐ 七人(しちにん、ななにん)	일곱 사람
☐ 八人(はちにん)	여덟 사람
☐ 九人(きゅうにん、くにん)	아홉 사람
☐ 十人(じゅうにん)	열 사람
☐ 何人(なんにん)	몇 사람
☐ 林檎(りんご)	사과
☐ みかん	귤
☐ 文法(ぶんぽう)	문법
☐ 使う(つかう)	쓰다, 사용하다
☐ コツ	요령
☐ 世の中(よのなか)	세상
☐ テーブル	테이블

☐ 大根(だいこん)	무우
☐ 店(みせ)	가게
☐ 犬(いぬ)	개
☐ お子さん(おこさん)	아이, 자제분
☐ 夫(おっと)	남편
☐ 出来る(できる)	생기다
☐ 部屋(へや)	방
☐ 等(など)	등
☐ 子供服売り場(こどもふくうりば)	아동복 매장
☐ 自宅(じたく)	자택
☐ 社員(しゃいん)	사원
☐ 椅子(いす)	의자
☐ 箱(はこ)	상자
☐ 時計(とけい)	시계
☐ スポーツ用品売り場(スポーツようひんうりば)	스포츠용품 매장
☐ 社長室(しゃちょうしつ)	사장실
☐ 会議室(かいぎしつ)	회의실
☐ 紳士服売り場(しんしふくうりば)	신사복 매장

표현학습

① 数詞 I ◀))

A: これを三(みっ)つください。
이것을 세 개 주세요.

B: はい、分(わ)かりました。
예, 알겠습니다.

A: これはいくらですか。
이것은 얼마입니까?

B: 2500円(えん)です。
2500엔입니다.

A: 佐藤(さとう)さんの研究室(けんきゅうしつ)は何階(なんがい)ですか。
사토씨의 연구실은 몇 층입니까?

B: 5階(かい)です。
5층입니다.

A: いま何時(なんじ)ですか。
지금 몇 시 입니까?

B: 四時(よじ)二十分(にじゅっぷん)です。
4시 20분입니다.

A: あなたの携帯(けいたい)の番号(ばんごう)は何番(なんばん)ですか。
당신의 핸드폰 전화번호는 몇 번입니까?

B: 010(ぜろいちぜろ)2424(によんによん)の4989(よんきゅうはちきゅう)です。
010-2424-4989입니다.

2 存在表現 ◀»

A: 机(つくえ)の上(うえ)に何(なに)がありますか。
책상 위에 무엇이 있습니까?

B: 本(ほん)とノートがあります。
책과 노트가 있습니다.

A: ベッドの下(した)に何(なに)がいますか。
침대 밑에 무엇이 있습니까?

B: 猫(ねこ)が二匹(にひき)います。
고양이가 두 마리 있습니다.

A: 教室(きょうしつ)の中(なか)に学生(がくせい)は何人(なんにん)いますか。
교실 안에 학생은 몇 명 있습니까?

B: 四人(よにん)います。
4명 있습니다.

어구학습

1 数詞

(1) 고유수사

一つ(ひとつ)　　二つ(ふたつ)　　三つ(みっつ)　　四つ(よっつ)　　五つ(いつつ)
　　하나　　　　　　둘　　　　　　셋　　　　　　넷　　　　　　다섯

六つ(むっつ)　　七つ(ななつ)　　八つ(やっつ)　　九つ(ここのつ)　　十(とお)
　　여섯　　　　　일곱　　　　　여덟　　　　　아홉　　　　　열

十一(じゅういち)　　…　　幾つ(いくつ)
　　열하나　　　　　　　　몇 개

(2) 한어수사

0(ゼロ、れい、まる)　　1(いち)　　2(に)　　3(さん)　　4(し、よん)　　5(ご)
　　영/제로　　　　　　　일　　　일　　　삼　　　사　　　오

6(ろく)　　7(しち、なな)　　8(はち)　　9(きゅう、く)　　10(じゅう)
　육　　　　칠　　　　　팔　　　　구　　　　　十

11(じゅういち)　　12(じゅうに)　　13(じゅうさん)　　14(じゅうし、じゅうよん)
　　십일　　　　　십이　　　　　십삼　　　　　십사

15(じゅうご)　　16(じゅうろく)　　17(じゅうしち、じゅうなな)　　18(じゅうはち)
　　십오　　　　　십육　　　　　십칠　　　　　십팔

19(じゅうきゅう、じゅうく)　　20(にじゅう)　　30(さんじゅう)
　　십구　　　　　　　　이십　　　　　삼십

40(しじゅう、よんじゅう)　　50(ごじゅう)　　60(ろくじゅう)
　　사십　　　　　　오십　　　　　육십

70(しちじゅう、ななじゅう)　80(はちじゅう)　90(きゅうじゅう)　100(ひゃく)
　　　　　칠십　　　　　　　　　　팔십　　　　　구십　　　　　　백

1000(せん)　10000(いちまん)　100000(じゅうまん)　1000000(ひゃくまん)
　　천　　　　　　만　　　　　　십만　　　　　　　백만　　　　　　...

(3) 수사+조수사

○ '시간'을 나타낼 때

－시(時)

0時(れいじ)　一時(いちじ)　二時(にじ)　三時(さんじ)　四時(よじ)　五時(ごじ)
　영 시　　　한 시　　　두 시　　　세 시　　　넨 시　　　다섯 시

六時(ろくじ)　　七時(しちじ)　　八時(はちじ)　　九時(くじ)　　十時(じゅうじ)
　여섯 시　　　일곱 시　　　여덟 시　　　아홉 시　　　열 시

十一時(じゅういちじ)　十二時(じゅうにじ)　十三時(じゅうさんじ)　十四時(じゅうよじ)
　　열한 시　　　　　　열두 시　　　　열세 시/십삼 시　　　열네 시/십사 시

十五時(じゅうごじ)　　十六時(じゅうろくじ)　　十七時(じゅうしちじ)
열다섯 시/십오 시　　　열여섯 시/십육 시　　　열일곱 시/십칠 시

十八時(じゅうはちじ)　　十九時(じゅうくじ)　　二十時(にじゅうじ)
열여덟 시/십팔 시　　　열아홉 시/십구 시　　　스무 시/이십 시

二十一時(にじゅういちじ)　　二十二時(にじゅうにじ)　　二十三時(にじゅうさんじ)
스물한 시/이십일 시　　　스물두 시/이십이 시　　　스물세 시/이십삼 시

二十四時(にじゅうよじ)　　　...　　　何時(なんじ)
스물네 시/이십사 시　　　　　　　　　몇 시

－분(分)

一分(いっぷん)　二分(にふん)　三分(さんぷん)　四分(よんぷん)　五分(ごふん)
　일 분　　　　이 분　　　　삼 분　　　　사 분　　　　오 분

六分(ろっぷん)　七分(ななふん、しちふん)　八分(はっぷん)　九分(きゅうふん)
　육 분　　　　칠 분　　　　　　　　　팔 분　　　　　구 분

十分(じゅっぷん、じっぷん)　　十一分(じゅういっぷん)　　十二分(じゅうにふん)
　　　십 분　　　　　　　　　　　　십일 분　　　　　　　　　　　십이 분

十三分(じゅうさんぷん)　　十四分(じゅうよんぷん)　　十五分(じゅうごふん)
　　　십삼 분　　　　　　　　　　십사 분　　　　　　　　　십오 분

十六分(じゅうろっぷん)　　十七分(じゅうななふん、じゅうしちふん)
　　　십육 분　　　　　　　　　　십칠 분

十八分(じゅうはっぷん)　　十九分(じゅうきゅうふん)
　　　십팔 분　　　　　　　　　　십구 분

二十分(にじゅっぷん)　　三十分(さんじゅっぷん)　　四十分(よんじゅっぷん)
　　　이십 분　　　　　　　　　삼십 분　　　　　　　　　사십 분

五十分(ごじゅっぷん)　　六十分(ろくじゅっぷん)　　…　　　何分(なんぷん)
　　　오십 분　　　　　　　　　육십 분　　　　　　　　　　　몇 분

－ 초(秒)

一秒(いちびょう)　　二秒(にびょう)　　三秒(さんびょう)　　四秒(よんびょう)
　　일 초　　　　　　　이 초　　　　　　　삼 초　　　　　　　사 초

五秒(ごびょう)　　六秒(ろくびょう)　　七秒(ななびょう)　　八秒(はちびょう)
　　오 초　　　　　　육 초　　　　　　　칠 초　　　　　　　팔 초

九秒(きゅうびょう)　　十秒(じゅうびょう)　　二十秒(にじゅうびょう)
　　구 초　　　　　　　　십 초　　　　　　　　이십 초

三十秒(さんじゅうびょう)　　四十秒(よんじゅうびょう)　　五十秒(ごじゅうびょう)
　　삼십 초　　　　　　　　　　사십 초　　　　　　　　　오십 초

六十秒(ろくじゅうびょう)　　…　　　何秒(なんびょう)
　　육십 초　　　　　　　　　　　몇 초

○ '층'을 나타낼 때

一階(いっかい)　　二階(にかい)　　三階(さんがい)　　四階(よんかい)　　五階(ごかい)
　　일층　　　　　　　이층　　　　　　삼층　　　　　　사층　　　　　　오층

六階(ろっかい)　　七階(ななかい)　　八階(はっかい)　　九階(きゅうかい)
　　　육 층　　　　　　칠 층　　　　　　팔 층　　　　　　구 층

十階(じゅっかい、じっかい)　　…　　何階(なんがい)
　　　십 층　　　　　　　　　　　　　몇 층

○ 동물을 셀 때

一匹(いっぴき)　　二匹(にひき)　　三匹(さんびき)　　四匹(よんひき)
　한 마리　　　　　두 마리　　　　세 마리　　　　네 마리

五匹(ごひき)　　六匹(ろっぴき)　　七匹(ななひき、しちひき)　　八匹(はっぴき)
다섯 마리　　　여섯 마리　　　　　일곱 마리　　　　　여덟 마리

九匹(きゅうひき)　　十匹(じゅっぴき、じっぴき)　　…　　何匹(なんびき)
　아홉 마리　　　　　열 마리　　　　　　　　　　　　몇 마리

○ 사람을 셀 때

一人(ひとり)　　二人(ふたり)　　三人(さんにん)　　四人(よにん)
　한 명　　　　　두 명　　　　　세 명　　　　　네 명

五人(ごにん)　　六人(ろくにん)　　七人(しちにん、ななにん)　　八人(はちにん)
다섯 명　　　　여섯 명　　　　　　일곱 명　　　　　　　여덟 명

九人(きゅうにん、くにん)　　十人(じゅうにん)　　…　　何人(なんにん)
　아홉 명　　　　　　　　　열 명　　　　　　　　　　몇 명

2　～をください

○ 「ください」는 「くださる」(주시다) 의 명령형으로 '주세요'로 해석되며 그다지 경의가 높지 않다.
○ 일반적으로 '~을/를 주세요'라는 표현을 하려고 할 때 조사 「を」앞에 요구하려고 하는 물건을 넣어 표현하면 된다.
○ 회화체에서는 「を」가 생략되는 경우가 많으며 수사표현은 요구하는 물건 뒤에 오는 것이 일반적이다.

このりんご二(ふた)つください。

이 사과 두 개 주세요.

③ 分(わ)かりました

○ 형태는 과거형을 취하나 '알겠습니다' 로 해석하는 것이 일반적이다.
○ 기본형은 「分(わ)かる」로 '~을/를 알다'의 의미일 때도 「~が」+「分かる」의 형태를 사용한다.
○ 「分(わ)かる」와 「知(し)る」의 차이점
  – 「分かる」: 일이나 사물의 내용을 체계를 세워 논리적으로 아는 것이다. 바르게 판단하는 것 뿐만 아니라 상대의 기분 등도 살펴 뜻에 부합되도록 하는 경우에도 사용된다.

渡辺(わたなべ)さんは日本語(にほんご)の文法(ぶんぽう)が分(わ)かる。

와타나베씨는 일본어 문법을 안다.

おとうさんは僕(ぼく)のことが分(わ)かる。

아버지는 나를 안다.

  – 「知る」: 일이나 사물 전체를 감각적으로 다루는 경우에 주로 이용된다. 경험이나 지식을 가지고 있다고 하는 의미에서 사용하는 경우가 많다.

人(ひと)を使(つか)うコツを知(し)っている。

사람을 쓰는 요령을 알고 있다.

彼(かれ)はまだ世(よ)の中(なか)を知(し)らない。

그는 아직 세상을 모른다.

④ 010(ぜろいちぜろ)2424(によんによん)の4989(よんきゅうはちきゅう)です

○ 전화번호를 말할 때 일반적으로 '국'에 해당되는 번호 뒤에 「の」를 넣어서 표현한다.

ぜろに、にいちななさんのにさんろくきゅう

02-2173-2369

1 存在表現「ある」와「いる」 ──────────────○

○「ある」: 비정물(물건이나 건물, 식물 등)의 존재를 나타내는 경우에 사용된다.
○「いる」: 유정물(사람이나 동물)의 존재를 나타내는 경우에 사용된다.

> あそこに郵便局(ゆうびんきょく)があります。
> 저기에 우체국이 있습니다.

> テーブルの上(うえ)に大根(だいこん)があります。
> 테이블 위에 무우가 있습니다.

> 教室(きょうしつ)の中(なか)に先生(せんせい)が三人(さんにん)います。
> 교실 안에 선생님이 세 명 있습니다.

> 椅子(いす)の下(した)に猫(ねこ)が三匹(さんびき)います。
> 의자 밑에 고양이가 세 마리 있습니다.

○「ある」용법의 예외
　① 유정물이라도 그것이 동적인 존재(움직인다든지 활동한다든지 하는 것을 전제로 하는 존재)가 아닐 경우, 다시 말해서 상품 등으로 취급되는 경우에는「ある」를 사용할 수 있다.

> 店(みせ)の中(なか)に犬(いぬ)があります。
> 가게 안에 개가 있습니다.

　② 소유의 의미로 부모 입장에서「아이들, 아들, 딸」이 있다고 하거나, 부부간에「남편 또는 아내」가 있다고 할 경우, 또 형제관계에서「형제, 남동생, 여동생」이 있다고 할 때는「ある」를 사용할 수 있다.

> A: お子(こ)さんは何人(なんにん)ありますか。
> 아이가 몇 명 있습니까?

B: 子供(こども)が三人(さんにん)あります。

아이가 세 명 있습니다.

A: あなたは夫(おっと)がありますか

당신은 남편이 있습니까?

B: はい、あります。

예, 있습니다.

A: 木村(きむら)さんはおとうとさんがありますか。

기무라씨는 남동생이 있습니까?

B: はい、あります。

예, 있습니다.

2 존재의 장소를 나타내는 조사 「に」

○ 조사 「に」는 존재의 장소를 나타내기 때문에 존재를 나타내는 「ある」, 「いる」와 함께 사용
되는 경우가 많다.

机(つくえ)の上(うえ)に本(ほん)があります。 책상 위에 책이 있습니다.

教室(きょうしつ)の中(なか)に学生(がくせい)が二人(ふたり)います。
교실 안에 학생이 두 명 있습니다.

3 조사 「と」와 「や」

○ 「と」와 「や」는 모두 사물을 열거할 때 사용하는 조사로 각각 [와] [(이)나]로 해석된다.

○ 「と」는 말하고 싶은 요소의 모든 것을 열거할 때 사용하나, 「や」는 전체 중에 일부의 예만을
들어서 열거할 때 사용한다.

部屋(へや)に机(つくえ)とベッドがあります。
방에 책상과 침대가 있습니다.

部屋(へや)に机(つくえ)やベッドなどがあります。
방에 책상이나 침대 등이 있습니다.

(1)

A:

これをみっつください。

B:
ばい、　わかりました。
はい、　わかりました。

(2)

A:
これはいくらですか。
これはいくらですか。

B:
にぜんごひゃくえんです。
２５００円です。

(3)

A:

つくえのうえになにがありますか。

B:
ほんとノートがあります。
ほんとノートがあります。

■ 다음의 문장을 들으면서 바로 따라서 발음하시오. 최소한 5번씩은 반복연습 하시오.

A: これを三(みっ)つください。
이것을 세 개 주세요.

B: はい、分(わ)かりました。
예. 알겠습니다.

A: これはいくらですか。
이것은 얼마입니까?

B: 2500円(えん)です。
2500엔입니다.

A: 佐藤(さとう)さんの研究室(けんきゅうしつ)は何階(なんがい)ですか。
사토씨의 연구실은 몇 층입니까?

B: 5階(かい)です。
5층입니다.

A: いま何時(なんじ)ですか。
지금 몇 시 입니까?

B: 四時(よじ)二十分(にじゅっぷん)です。
4시 20분입니다.

A: あなたの携帯(けいたい)の番号(ばんごう)は何番(なんばん)ですか。
당신의 핸드폰 전화번호는 몇 번입니까?

B: 010(ぜろいちぜろ)2424(によんによん)の4989(よんきゅうはちきゅう)です。
010-2424-4989입니다.

A: 机(つくえ)の上(うえ)に何(なに)がありますか。

책상 위에 무엇이 있습니까?

B: 本(ほん)とノートがあります。

책과 노트가 있습니다.

A: 教室(きょうしつ)の中(なか)に学生(がくせい)は何人(なんにん)いますか。

교실 안에 학생은 몇 명 있습니까?

B: 四人(よにん)います。

4명 있습니다.

(1) 한어수사＋台(だい) : ～대 (냉장고, 자동차 등 큰 물건을 셀 때)

- ☐ 한 대 　　　　　いちだい(一台)
- ☐ 두 대 　　　　　にだい(二台)
- ☐ 세 대 　　　　　さんだい(三台)
- ☐ 네 대 　　　　　よんだい(四台)
- ☐ 다섯 대 　　　　ごだい(五台)
- ☐ 여섯 대 　　　　ろくだい(六台)
- ☐ 일곱 대 　　　　しちだい・ななだい(七台)
- ☐ 여덟 대 　　　　はちだい(八台)
- ☐ 아홉 대 　　　　きゅうだい(九台)
- ☐ 열 대 　　　　　じゅうだい(十台)
- ☐ 열한 대 　　　　じゅういちだい(十一台)
- ☐ 열두 대 　　　　じゅうにだい(十二台)
- ☐ 열세 대 　　　　じゅうさんだい(十三台)
- ☐ 열네 대 　　　　じゅうよんだい(十四台)
- ☐ 열다섯 대 　　　じゅうごだい(十五台)
- ☐ 열여섯 대 　　　じゅうろくだい(十六台)
- ☐ 열일곱 대 　　　じゅうしちだい・じゅうななだい(十七台)
- ☐ 열여덟 대 　　　じゅうはちだい(十八台)
- ☐ 열아홉 대 　　　じゅうきゅうだい(十九台)
- ☐ 스무 대 　　　　にじゅうだい(二十台)

☐ 서른 대	さんじゅうだい(三十台)
☐ 마흔 대	よんじゅうだい(四十台)
☐ 쉰 대	ごじゅうだい(五十台)
☐ 예순 대	ろくじゅうだい(六十台)
☐ 일흔 대	ななじゅうだい(七十台)
☐ 여든 대	はちじゅうだい(八十台)
☐ 아흔 대	きゅうじゅうだい(九十台)
☐ 백 대	ひゃくだい(百台)
⋮	
☐ 몇 대	なんだい(何台)

(2) 한어수사＋**グラム** : ～g (무게의 단위)

☐ 일 그램	いちグラム(1g)
☐ 이 그램	にグラム(2g)
☐ 삼 그램	さんグラム(3g)
☐ 사 그램	よんグラム(4g)
☐ 오 그램	ごグラム(5g)
☐ 육 그램	ろくグラム(6g)
☐ 칠 그램	ななグラム・しちグラム(7g)
☐ 팔 그램	はちグラム(8g)
☐ 구 그램	きゅうグラム(9g)
☐ 십 그램	じゅうグラム(10g)
☐ 이십 그램	にじゅうグラム(20g)
☐ 삼십 그램	さんじゅうグラム(30g)
☐ 사십 그램	よんじゅうグラム(40g)

☐ 오십 그램	ごじゅうグラム(50g)
☐ 육십 그램	ろくじゅうグラム(60g)
☐ 칠십 그램	ななじゅうグラム(70g)
☐ 팔십 그램	はちじゅうグラム(80g)
☐ 구십 그램	きゅうじゅうグラム(90g)
☐ 백 그램	ひゃくグラム(100g)
☐ 이백 그램	にひゃくグラム(200g)
☐ 삼백 그램	さんびゃくグラム(300g)
☐ 사백 그램	よんひゃくグラム(400g)
☐ 오백 그램	ごひゃくゴラム(500g)
☐ 육백 그램	ろっぴゃくグラム(600g)
☐ 칠백 그램	ななひゃくグラム(700g)
☐ 팔백 그램	はっぴゃくグラム(800g)
☐ 구백 그램	きゅうひゃくグラム(900g)
☐ 천 그램	せんグラム(1000g)
⋮	
☐ 몇 그램	なんグラム(何g)

(1) 한글해석을 보면서 빈 칸에 한자가나혼용체로 문장을 입력해 보세요. 단 외래어는 가타카나로 입력하세요.

① A: 이것을 다섯 개 주세요?　⇨ _____

　B: 예, 알겠습니다.　⇨ _____

② A: 이것은 얼마입니까?　⇨ _____

　B: 만 이천 엔입니다.　⇨ _____

③ A: 아동복 매장은 몇 층입니까?　⇨ _____

　B: 6층입니다.　⇨ _____

④ A: 지금 몇 시입니까?　⇨ _____

　B: 9시 45분입니다.　⇨ _____

⑤ A: 자택 전화번호는 몇 번입니까?　⇨ _____

　B: 02-2173-3296번입니다.　⇨ _____

(2) 다음을 히라가나로 표기하여 작문하시오.

① A: 책상 밑에 무엇이 있습니까?　⇨ _____

　B: 개가 한 마리 있습니다.　⇨ _____

② A: 사원은 몇 명 있습니까?　⇨ _____

　B: 다섯 명 있습니다.　⇨ _____

③ A: 의자 위에 무엇이 있습니까?　⇨ _____

　B: 노트와 연필이 있습니다.　⇨ _____

④ A: 귤 여섯 개 주세요.　　　⇨ _____

　B: 예, 알겠습니다.　　　　　⇨ _____

⑤ A: 이 시계 얼마입니까?　　⇨ _____

　B: 오만 삼천 엔입니다.　　　⇨ _____

수사 Ⅱ · イ형용사문(현재형)

☐ 誕生日(たんじょうび)　　　생일
☐ 一月(いちがつ)　　　일 월
☐ 二月(にがつ)　　　이 월
☐ 三月(さんがつ)　　　삼 월
☐ 四月(しがつ)　　　사 월
☐ 五月(ごがつ)　　　오 월
☐ 六月(ろくがつ)　　　유 월
☐ 七月(しちがつ)　　　칠 월
☐ 八月(はちがつ)　　　팔 월
☐ 九月(くがつ)　　　구 월
☐ 十月(じゅうがつ)　　　시 월
☐ 十一月(じゅういちがつ)　　　십일 월
☐ 十二月(じゅうにがつ)　　　십이 월
☐ 何月(なんがつ)　　　몇 월
☐ 一日(ついたち)　　　일 일
☐ 二日(ふつか)　　　이 일
☐ 三日(みっか)　　　삼 일
☐ 四日(よっか)　　　사 일
☐ 五日(いつか)　　　오 일
☐ 六日(むいか)　　　육 일
☐ 七日(なのか)　　　칠 일
☐ 八日(ようか)　　　팔 일
☐ 九日(ここのか)　　　구 일
☐ 十日(とおか)　　　십 일

☐ 十一日(じゅういちにち)	십일 일	
☐ 十二日(じゅうににち)	십이 일	
☐ 十三日(じゅうさんにち)	십삼 일	
☐ 十四日(じゅうよっか)	십사 일	
☐ 十五日(じゅうごにち)	십오 일	
☐ 十六日(じゅうろくにち)	십육 일	
☐ 十七日(じゅうしちにち)	십칠 일	
☐ 十八日(じゅうはちにち)	십팔 일	
☐ 十九日(じゅうくにち)	십구 일	
☐ 二十日(はつか)	이십 일	
☐ 二十一日(にじゅういちにち)	이십일 일	
☐ 二十二日(にじゅうににち)	이십이 일	
☐ 二十三日(にじゅうさんにち)	이십삼 일	
☐ 二十四日(にじゅうよっか)	이십사 일	
☐ 二十五日(にじゅうごにち)	이십오 일	
☐ 二十六日(にじゅうろくにち)	이십육 일	
☐ 二十七日(にじゅうしちにち)	이십칠 일	
☐ 二十八日(にじゅうはちにち)	이십팔 일	
☐ 二十九日(にじゅうくにち)	이십구 일	
☐ 三十日(さんじゅうにち)	삼십 일	
☐ 三十一日(さんじゅういちにち)	삼십일 일	
☐ 何日(なんにち)	며칠	
☐ 一本(いっぽん)	한 자루	
☐ 二本(にほん)	두 자루	
☐ 三本(さんぼん)	세 자루	
☐ 四本(よんほん)	네 자루	
☐ 五本(ごほん)	다섯 자루	
☐ 六本(ろっぽん)	여섯 자루	

☐ 七本(ななほん)	일곱 자루	
☐ 八本(はっぽん)	여덟 자루	
☐ 九本(きゅうほん)	아홉 자루	
☐ 十本(じゅっぽん、じっぽん)	열 자루	
☐ 何本(なんぼん)	몇 자루	
☐ 月曜日(げつようび)	월요일	
☐ 火曜日(かようび)	화요일	
☐ 水曜日(すいようび)	수요일	
☐ 木曜日(もくようび)	목요일	
☐ 金曜日(きんようび)	금요일	
☐ 土曜日(どようび)	토요일	
☐ 日曜日(にちようび)	일요일	
☐ 何曜日(なんようび)	무슨 요일	
☐ ちょっと	좀, 조금	
☐ 困る(こまる)	곤란하다	
☐ 背(せ)	키	
☐ 薔薇(ばら)	장미	
☐ 待つ(まつ)	기다리다	
☐ お出かけ(おでかけ)	외출	
☐ 空(そら)	하늘	
☐ 雲(くも)	구름	
☐ 山(やま)	산	
☐ 門(もん)	문	
☐ 象(ぞう)	코끼리	
☐ 道(みち)	길	
☐ 春(はる)	봄	
☐ 夏(なつ)	여름	
☐ 秋(あき)	가을	

☐	冬(ふゆ)	겨울
☐	紐(ひも)	끈
☐	唐辛子(とうがらし)	고추
☐	赤い(あかい)	빨갛다
☐	青い(あおい)	파랗다
☐	白い(しろい)	하얗다
☐	黄色い(きいろい)	노랗다
☐	高い(たかい)	비싸다
☐	安い(やすい)	싸다
☐	低い(ひくい)	낮다. (키)가 작다
☐	長い(ながい)	길다
☐	短い(みじかい)	짧다
☐	黒い(くろい)	검다
☐	広い(ひろい)	넓다
☐	狭い(せまい)	좁다
☐	多い(おおい)	많다
☐	面白い(おもしろい)	재미 있다
☐	すごい	훌륭하다
☐	小さい(ちいさい)	작다
☐	大きい(おおきい)	크다
☐	難しい(むずかしい)	어렵다
☐	易しい(やさしい)	쉽다
☐	優しい(やさしい)	상냥하다. 친절하다
☐	暖かい(あたたかい)	따뜻하다
☐	暑い(あつい)	덥다
☐	熱い(あつい)	뜨겁다
☐	冷たい(つめたい)	차갑다
☐	涼しい(すずしい)	시원하다

☐ 寒い (さむい)	춥다
☐ 温い (ぬるい)	미지근하다
☐ 古い (ふるい)	오래되다
☐ 速い (はやい)	(속도가)빠르다
☐ 遅い (おそい)	느리다
☐ 軽い (かるい)	가볍다
☐ 重い (おもい)	무겁다
☐ 忙しい (いそがしい)	바쁘다
☐ 楽しい (たのしい)	즐겁다
☐ 明るい (あかるい)	밝다
☐ 美味しい (おいしい)	맛있다
☐ すっぱい	시다
☐ 辛い (からい)	맵다
☐ 塩辛い (しおからい)	짜다
☐ 暗い (くらい)	어둡다

표현학습

❶ 월·일 / 요일 표현 🔊

① 월·일표현

A: 田中(たなか)さんのお誕生日(たんじょうび)はいつですか。
다나카상의 생일은 언제입니까?

B: 四月(しがつ)二十日(はつか)です。
사월 이십일입니다.

② 요일표현(1)

A: 七月(しちがつ)十四日(じゅうよっか)は何曜日(なんようび)ですか。
칠월 십사 일은 무슨 요일입니까?

B: 水曜日(すいようび)です。
수요일입니다.

③ 요일표현(2)

A: 土曜日(どようび)は何月(なんがつ)何日(なんにち)でしたか。
토요일은 몇 월 며칠이었습니까?

B: 九月(くがつ)二十四日(にじゅうよっか)でした。
구월 이십사 일이었습니다.

❷ 〜いです 🔊

A: どうなさいますか。
어떻게 하시겠습니까?

B: うしろがちょっと長(なが)いです。短(みじか)くしてください。
뒤가 좀 깁니다. 짧게 해 주세요.

A: はい、分(わ)かりました。
예 알겠습니다.

③ 〜くありません 🔊 ─────────────○

A: 佐藤(さとう)さんの妹(いもうと)さんは背(せ)が高(たか)いですか。
사토씨 여동생은 키가 큽니까?

B: いいえ、高(たか)くありません。低(ひく)いです。
아니요. 크지 않습니다. 작습니다.

어구학습

1 数詞 Ⅱ

ㅇ 월(月)

一月(いちがつ)　　二月(にがつ)　　三月(さんがつ)　　四月(しがつ)　　五月(ごがつ)
　　일 월　　　　　　　이 월　　　　　　삼 월　　　　　　사 월　　　　　　오 월

六月(ろくがつ)　七月(しちがつ)　八月(はちがつ)　九月(くがつ)　十月(じゅうがつ)
　　유 월　　　　　칠 월　　　　　팔 월　　　　　구 월　　　　　시 월

十一月(じゅういちがつ)　　十二月(じゅうにがつ)
　　십일 월　　　　　　　　십이 월

ㅇ 일(日)

一日(ついたち)　　二日(ふつか)　　三日(みっか)　　四日(よっか)　　五日(いつか)
　　일 일　　　　　　이 일　　　　　삼 일　　　　　사 일　　　　　오 일

六日(むいか)　　七日(なのか)　　八日(ようか)　　九日(ここのか)　　十日(とおか)
　　육 일　　　　　칠 일　　　　　팔 일　　　　　구 일　　　　　십 일

十一日(じゅういちにち)　　十二日(じゅうににち)　　十三日(じゅうさんにち)
　　십일 일　　　　　　　　십이 일　　　　　　　　십삼 일

十四日(じゅうよっか)　　十五日(じゅうごにち)　　十六日(じゅうろくにち)
　　십사 일　　　　　　　십오 일　　　　　　　십육 일

十七日(じゅうしちにち)　　十八日(じゅうはちにち)　　十九日(じゅうくにち)
　　십칠 일　　　　　　　　십팔 일　　　　　　　　십구 일

二十日(はつか)　　二十一日(にじゅういちにち)　　二十二日(にじゅうににち)
　　이십 일　　　　　　이십일 일　　　　　　　　이십이 일

二十三日(にじゅうさんにち)　二十四日(にじゅうよっか)　二十五日(にじゅうごにち)
　　이십삼 일　　　　　　　　이십사 일　　　　　　　이십오 일

二十六日(にじゅうろくにち)　二十七日(にじゅうしちにち)　二十八日(にじゅうはちにち)
　　　　이십육 일　　　　　　　　　　이십칠 일　　　　　　　　　　이십팔 일

二十九日(にじゅうくにち)　三十日(さんじゅうにち)　三十一日(さんじゅういちにち)
　　　　이십구 일　　　　　　　　　삼십 일　　　　　　　　　삼십일 일

　○ 얇고 긴 물건을 셀 때(연필, 병, 캔맥주 등)

一本(いっぽん)　　二本(にほん)　　三本(さんぼん)　　四本(よんほん、しほん)
　　한 자루　　　　　두 자루　　　　세 자루　　　　　네 자루

五本(ごほん)　　六本(ろっぽん)　　七本(ななほん、しちほん)　　八本(はっぽん)
　다섯 자루　　　여섯 자루　　　　　일곱 자루　　　　　　　여덟 자루

九本(きゅうほん)　　十本(じっぽん)　　…　　何本(なんぼん)
　　아홉 자루　　　　열 자루　　　　　　　　몇 자루

② 요일

月曜日(げつようび)　火曜日(かようび)　水曜日(すいようび)　木曜日(もくようび)
　　월요일　　　　　　화요일　　　　　　수요일　　　　　　목요일

金曜日(きんようび)　土曜日(どようび)　日曜日(にちようび)　何曜日(なんようび)
　　금요일　　　　　　토요일　　　　　　일요일　　　　　무슨 요일

③ 誕生日(たんじょうび)

○「誕生日」은 한국어로 [생일]에 해당된다.
○ 다른 사람의 생일이나 손 윗사람의 [생신]을 표현할 때는「誕生日」앞에 존경의 접두사「お」
　를 붙인다.

❹ うしろがちょっと長(なが)いです。 短(みじか)くしてください。 ────────○

○「ちょっと」는 "조금, 좀"으로 해석되는 부사로 다양하게 사용된다. 예를 들면 순수하게 시간
　적으로 "조금"이라고도 사용되며, 애매모호하게 구체적으로 밝히고 싶지 않을 때도 사용
　한다.

> A: ちょっとお待(ま)ちください。
>
> 조금 기다리세요.
>
> B: はい、分(わ)かりました。
>
> 예, 알겠습니다.
>
> A: お出(で)かけですか。
>
> 외출하세요?
>
> B: ええ、ちょっと。
>
> 예, 저···.

○ 부정어를 수반하여 "좀처럼, 쉽사리, 여간해서는"과 같이 사용되거나 "여보세요, 이봐요, 잠
　깐"과 같이 호칭에 사용될 때도 있다.

> ちょっと見当(けんとう)もつかないことだ。
>
> 쉽사리 예상도 할 수 없는 일이다.
>
> ちょっとあなた。
>
> 잠깐, 여보.

○「～してください」는 [～해 주세요]로 해석되며 상대에게 무엇인가를 요청할 때 사용한다.
　「して」앞에 イ形容詞의 連用形「～く」가 오면 イ形容詞는 [～게]로 해석한다.

> 長(なが)くしてください。
>
> 길게 해 주세요.
>
> 黒(くろ)くしてください。
>
> 까맣게 해 주세요.

1 체언+でしたか/체언+でした ───────────────────○

○ 「でした」는 「です」의 과거형으로 [~이었습니다]로 해석된다.

○ 「でしたか」는 「ですか」의 과거형으로 [~이었습니까?]로 해석된다.

> A: 九月(くがつ)四日(よっか)は何曜日(なんようび)ですか。
> 9월4일은 무슨 요일입니까?
>
> B: 月曜日(げつようび)です。
> 월요일입니다.
>
> A: 四月(しがつ)二十四日(じゅうよっか)は何曜日(なんようび)でしたか。
> 4월 24일은 무슨 요일이었습니까?
>
> B: 金曜日(きんようび)でした。
> 금요일이었습니다.

2 イ形容詞(긍정표현) ───────────────────○

○ 連体形：~い(~ㄴ/은)＋体言

> 赤(あか)いばら　빨간 장미
> 広(ひろ)い部屋(へや)　넓은 방
> 優(やさ)しい彼女(かのじょ)　상냥한 그녀
> 懐(なつ)かしい10月(じゅうがつ)　그리운 10월

○ 終止形(보통)：~い(~다)

> 空(そら)が青(あお)い。하늘이 파랗다.
> 雲(くも)が白(しろ)い。구름이 하얗다.

○ 終止形(정중) : ～いです(～ㅂ니다/습니다)

　本(ほん)が多(おお)いです。 책이 많습니다.
　このゲームは面白(おもしろ)いです。 이 게임은 재미있습니다.

3 イ形容詞(부정표현)

○ 連体形 : ～くない(～지 않은)+体言

　　高(たか)くない山(やま)　높지 않은 산
　　狭(せま)くない門(もん)　좁지 않은 문
　　忙(いそが)しくない彼(かれ)　바쁘지 않은 그(사람)
　　暑(あつ)くない8月(はちがつ)　덥지 않은 8월

○ 終止形(보통) : ～くない(～지 않다)

　　この山(やま)は高(たか)くない。 이 산은 높지 않다.
　　この門(もん)は狭(せま)くない。 이 문은 좁지 않다.

○ 終止形(정중) : 「～くありません」(～지 않습니다)
　　이 표현보다 덜 정중한 표현은 「～くないです」이다.

　　この山(やま)は高(たか)くありません。
　　この山(やま)は高(たか)くないです。
　　이 산은 높지 않습니다.

　　この門(もん)は狭(せま)くありません。
　　この門(もん)は狭(せま)くないです。
　　이 문은 좁지 않습니다.

4 조사 「ね」 ─────────────────────────○

○ 가벼운 감동, 영탄, 놀람을 나타낸다.

すごいですね。 대단하군요.

○ 상대에게 동의를 구하거나 확인, 다짐을 할 때 쓰인다.

冬(ふゆ)らしくなりましたね。 겨울답게 되었지요.

集合時間(しゅうごうじかん)は十時(じゅうじ)ですね。 집합시간 10시죠?

あれはね、鳥(とり)の声(こえ)だよ。 저건, 새 소리야.

(1)

A:

たなかさんのおたんじょうびはいつですか。
田中さんのお誕生日はいつですか。

B:

しがつはつかです。
四月二十日です。

(2)

A:

しちがつじゅうよっかはなんようびですか。
七月じゅうよっかはなんようびですか。

B:

すいようびです。
水曜日です。

(3)

A:

どうなさいますか。
どうなさいますか。

B:

うしろがちょっとながいです。　みじかくしてください。
うしろがちょっと長いです。　短くしてください。

A:　　はい、　わかりました。
　　　　はい、　　分かりました。

■ 다음의 문장을 들으면서 바로 따라서 발음하시오. 최소한 5번씩은 반복연습 하시오

○ 월·일표현

A: 田中(たなか)さんのお誕生日(たんじょうび)はいつですか。

다나카상의 생일은 언제입니까?

B: 四月(しがつ)二十日(はつか)です。

사월 이십일입니다.

○ 요일표현(1)

A: 七月(しちがつ)十四日(じゅうよっか)は何曜日(なんようび)ですか。

칠월 십사 일은 무슨 요일입니까?

B: 水曜日(すいようび)です。

수요일입니다.

○ 요일표현(2)

A: 土曜日(どようび)は何月(なんがつ)何日(なんにち)でしたか。

토요일은 몇 월 며칠이었습니까?

B: 九月(くがつ)二十四日(にじゅうよっか)でした。

구월 이십사 일이었습니다.

○ ~いです

A: どうなさいますか。

어떻게 하시겠습니까?

B: うしろがちょっと長(なが)いです。短(みじか)くしてください。

뒤가 좀 깁니다. 짧게 해 주세요.

A: はい、分(わ)かりました。

예 알겠습니다.

○ ～くありません

A: 佐藤(さとう)さんの妹(いもうと)さんは背(せ)が高(たか)いですか。

사토씨 여동생은 키가 큽니까?

B: いいえ、高(たか)くありません。低(ひく)いです。

아니요. 크지 않습니다. 작습니다.

(1) 한어수사＋度(ど) : ～도 (온도를 잴 때)

☐ 일 도 　　　　　　　　　　　いちど(一度)

☐ 이 도 　　　　　　　　　　　にど(二度)

☐ 삼 도 　　　　　　　　　　　さんど(三度)

☐ 사 도 　　　　　　　　　　　よんど(四度)

☐ 오 도 　　　　　　　　　　　ごど(五度)

☐ 육 도 　　　　　　　　　　　ろくど(六度)

☐ 칠 도 　　　　　　　　　　　しちど・ななど(七度)

☐ 팔 도 　　　　　　　　　　　はちど(八度)

☐ 구 도 　　　　　　　　　　　きゅうど・(くど)(九度)

☐ 십 도 　　　　　　　　　　　じゅうど(十度)

☐ 십일 도 　　　　　　　　　　じゅういちど(十一度)

☐ 십이 도 　　　　　　　　　　じゅうにど(十二度)

☐ 십삼 도 　　　　　　　　　　じゅうさんど(十三度)

☐ 십사 도 　　　　　　　　　　じゅうよんど(十四度)

☐ 십오 도 　　　　　　　　　　じゅうごど(十五度)

☐ 십육 도 　　　　　　　　　　じゅうろくど(十六度)

☐ 십칠 도 　　　　　　　　　　じゅうしちど・じゅうなど(十七度)

☐ 십팔 도 　　　　　　　　　　じゅうはちど(十八度)

☐ 십구 도 　　　　　　　　　　じゅうきゅうど・(じゅうくど)(十九度)

☐ 이십 도 　　　　　　　　　　にじゅうど(二十度)

☐ 삼십 도	さんじゅうど(三十度)	
☐ 사십 도	よんじゅうど(四十度)	
☐ 오십 도	ごじゅうど(五十度)	
☐ 육십 도	ろくじゅうど(六十度)	
☐ 칠십 도	ななじゅうど・しちじゅうど(七十度)	
☐ 팔십 도	はちじゅうど(八十度)	
☐ 구십 도	きゅうじゅうど(九十度)	
☐ 백 도	ひゃくど(百度)	
⋮		
☐ 몇 도	なんど(何度)	

(2) 한어수사 + 号車(ごうしゃ) : ~번차 (차의 순서를 셀 때)

☐ 일호 차	いちごうしゃ(一号車)
☐ 이호 차	にごうしゃ(二号車)
☐ 삼호 차	さんごうしゃ(三号車)
☐ 사호 차	よんごしゃ(四号車)
☐ 오호 차	ごごうしゃ(五号車)
☐ 육호 차	ろくごうしゃ(六号車)
☐ 칠호 차	ななごうしゃ・しちごうしゃ(七号車)
☐ 팔호 차	はちごうしゃ(八号車)
☐ 구호 차	きゅうごうしゃ(九号車)
☐ 십호 차	じゅうごうしゃ(十号車)
☐ 이십 호차	にじゅうごうしゃ(二十号車)
☐ 삼십 호차	さんじゅうごうしゃ(三十号車)
☐ 사십 호차	よんじゅうごうしゃ(四十号車)

☐ 오십 호차	ごじゅうごうしゃ(五十号車)
☐ 육십 호차	ろくじゅうごうしゃ(六十号車)
☐ 칠십 호차	ななじゅうごうしゃ(七十号車)
☐ 팔십 호차	はちじゅうごうしゃ(八十号車)
☐ 구십 호차	きゅうじゅうごうしゃ(九十号車)
☐ 백 호차	ひゃくごうしゃ(百号車)
⋮	
☐ 몇 호차	なんごうしゃ(何号車)

연습문제

(1) 한글해석을 보면서 빈 칸에 한자가나혼용체로 문장을 입력해 보세요. 단 외래어는 가타카나로 입력하세요.

　　① 넓은 방　　　　　　　　　　　⇨ _____

　　② 고양이가 작다.　　　　　　　　⇨ _____

　　③ 코끼리는 큽니다.　　　　　　　⇨ _____

　　④ 춥지 않은 겨울입니다.　　　　　⇨ _____

　　⑤ 이것은 쉽지 않다.　　　　　　　⇨ _____

(2) 다음을 히라가나로 표기하여 작문하시오. 단 외래어는 가타카나로 쓰세요.

　　① 이 끈은 깁니다.　　　　　　　　⇨ _____

　　② 이 개는 빠르다.　　　　　　　　⇨ _____

　　③ 즐겁지 않은 게임입니다.　　　　⇨ _____

　　④ 이 고추는 맵지 않습니다.　　　　⇨ _____

　　⑤ 이 방을 밝게 해 주세요.　　　　⇨ _____

ナ형용사문(현재형)

☐ 食べ物(たべもの)	음식, 먹을 것
☐ ラーメン	라면
☐ あなた	당신, 여보(결혼한 여자가 남자를 부를 때)
☐ どう	어떻게, 아무리(…해도)
☐ うん	응(「はい」의 보통체)
☐ 辺り(あたり)	부근, 근처
☐ かなり	꽤, 무척
☐ どんな	어떤
☐ いい	좋나
☐ よい	좋다
☐ あまり	별로
☐ きれいだ	예쁘다. 깨끗하다
☐ 静かだ(しずかだ)	조용하다
☐ 不便だ(ふべんだ)	불편하다
☐ 便利だ(べんりだ)	편리하다
☐ 嫌いだ(きらいだ)	싫어하다
☐ 好きだ(すきだ)	좋아하다
☐ 真面目だ(まじめだ)	성실하다
☐ 上手だ(じょうずだ)	잘하다. 능숙하다
☐ 下手だ(へただ)	못하다. 서투르다
☐ 有名だ(ゆうめいだ)	유명하다
☐ 簡単だ(かんたんだ)	간단하다
☐ 親切だ(しんせつだ)	친절하다
☐ 丈夫だ(じょうぶだ)	질기다

☐ 賑やかだ(にぎやかだ)	번화하다
☐ 立派だ(りっぱだ)	훌륭하다
☐ 元気だ(げんきだ)	건강하다
☐ 盛んだ(さかんだ)	성하다
☐ 新鮮だ(しんせんだ)	신선하다. 싱싱하다
☐ 機械(きかい)	기계
☐ 人物(じんぶつ)	인물
☐ 操作(そうさ)	조작
☐ 映画(えいが)	영화
☐ 店員(てんいん)	점원
☐ 靴(くつ)	구두
☐ いくら	아무리
☐ やる	하다
☐ 町(まち)	동네, 마을
☐ 娘(むすめ)	딸
☐ 交通(こうつう)	교통
☐ 胡瓜(きゅうり)	오이
☐ 行動(こうどう)	행동
☐ 問題(もんだい)	문제
☐ 社員(しゃいん)	사원
☐ カレー	카레
☐ 料理(りょうり)	요리
☐ 野菜(やさい)	야채
☐ ズボン	바지
☐ 渋谷(しぶや)	시부야(동경내의 한 지명)
☐ 家内(かない)	집사람(자기의 부인을 남에게 겸손하게 이야기할 때)
☐ 野球(やきゅう)	야구
☐ サッカー	축구

☐ 音楽(おんがく)	음악
☐ 音楽家(おんがくか)	음악가
☐ 魚(さかな)	생선, 물고기
☐ 前田さん(まえださん)	마에다 씨
☐ 吉田さん(よしださん)	요시다 씨
☐ 森田さん(もりたさん)	모리타 씨
☐ 石山さん(いしやまさん)	이시야마 씨

1 ナ形容詞의 현재 긍정표현 🔊

① 連体形:「~な+体言」

A: 佐藤さん、好(す)きな食(た)べ物(もの)は何(なん)ですか。
사토상, 좋아하는 음식은 뭡니까?

B: ラーメンです。
라면입니다.

② 終止形(보통):「~だ」

A: あなた、これはどう。
여보, 이건 어때?

B: うん、きれいだね。
응, 예쁜데.

③ 終止形(정중):「~です」

A: 木村(きむら)さん、この辺(あた)りは静(しず)かですか。
키무라씨, 이 부근은 조용합니까?

B: はい、かなり静(しず)かです。
네, 꽤 조용합니다.

2 ナ形容詞의 현재 부정표현 🔊

① 連体形:「~ではない+体言」

A: どんなところがいいですか。
어떤 곳이 좋습니까?

B: あまり不便(ふべん)ではないところがいいです。
그다지 불편하지 않은 곳이 좋습니다.

② 終止形(보통)：「～ではない」

A: ここはどう。
여기는 어때?

B: あまり便利(べんり)ではないね。
별로 편리하지 않은데.

③ 終止形(정중)：「～ではありません」・「～ではないです」

A: 野村(のむら)さんはラーメンが嫌(きら)いですか。
노무라씨는 라면을 싫어합니까?

B: いいえ、嫌(きら)いではありません。好(す)きです。
아니요, 싫어하지 않습니다. 좋아합니다.

B': いいえ、嫌(きら)いではないです。好(す)きです。
아니요, 싫어하지 않습니다. 좋아합니다.

어구학습

1 あなた

○ 「あなた」는 2인칭대명사로 "당신, 귀하"로 해석된다.
○ 또한 결혼한 여자가 남편을 부르는 말로 사용하는데 이 때는 "여보", "당신"정도로 해석이 된다.

> あなたはどうなさいますか。
> 당신은 어떻게 하시겠습니까?
> あなた、電話(でんわ)。
> 여보, 전화.

2 どう

○ 부사로 [어떻게], [아무리]로 해석된다.
○ 표현학습의 「どう」는 「どうですか」(어떻습니까?)를 보통투로 표현할 때 나타난다.

> どう作(つく)ればいいの。
> 어떻게 만들면 되지?
> どうやってもうまくいかない。
> 아무리 해도 잘 안 된다.

3 どんな

○ 명사를 수식하는 연체사로 "어떤"으로 해석된다.
○ 같은 계통의 연체사로 「こんな」(이런), 「そんな」(그런), 「あんな」(저런)이 있다.

④ あまり

○ 부사로 [별로], [그다지]로 해석된다.
○ 「あまり」뒤에는 주로 부정적인 표현이 온다.

> この本(ほん)はあまり面白(おもしろ)くありません。
>
> 이 책은 별로 재미있지 않습니다.
>
> ここはあまり静(しず)かではありません。
>
> 여기는 별로 조용하지 않습니다.

1 ナ형용사문의 현재 긍정표현 ─────────────────────────○

○ 連体形 : 「～な」(～ㄴ/은)＋体言

きれいな花(はな)。
예쁜 꽃.
静(しず)かな町(まち)ですね。
조용한 동네군요.

○ 終止形(보통) : 「～だ」

木村(きむら)さんの娘(むすめ)さんはきれいだ。
키무라씨의 따님은 예쁘다.
鈴木(すずき)さんの友達(ともだち)は真面目(まじめ)だ。
스즈키씨의 친구는 성실하다.

○ 終止形(정중) : 「～です」

私(わたし)はりんごが好(す)きです。
나는 사과를 좋아합니다.
田中(たなか)さんは英語(えいご)が下手(へた)です。
다나카 씨는 영어를 잘 못합니다.

2 ナ형용사문의 현재 부정표현 ─────────────────────────○

○ 連体形 : 「～ではない」(～지 않은)＋体言

便利(べんり)ではない建物(たてもの)。

편리하지 않은 건물.

ここは静(しず)かではない町(まち)ですね。

여기는 조용하지 않은 동네군요.

○ 終止形(보통) : 「～ではない」

　　ここは交通(こうつう)が便利(べんり)ではない。

　　여기는 교통이 편리하지 않다.

　　ここは交通(こうつう)が便利(べんり)じゃない。

　　여기는 교통이 편리하지 않다.

○ 終止形(정중) : 「～ではありません」・「～ではないです」

　　ここは静(しず)かではありません。

　　여기는 조용하지 않습니다.

　　ここは静(しず)かじゃありません。

　　여기는 조용하지 않습니다.

　　ここは便利(べんり)ではないです。

　　여기는 편리하지 않습니다.

　　ここは便利(べんり)じゃないです。

　　여기는 편리하지 않습니다.

3 　～が＋嫌いです ────────────────────────○

○ 「～が嫌いだ」에서 「～が」앞에는 싫어하는 대상이 온다.

○ 이 때 해석은 「～을/를」로 해석됨에 주의를 요한다.

○ 「好(す)きだ」, 「嫌(きら)いだ」, 「上手(じょうず)だ」, 「下手(へた)だ」 등이 여기에 속하는 ナ形容詞이다.

　　私(わたし)はバナナが嫌(きら)いです。

　　나는 바나나를 싫어합니다.

前田(まえだ)さんはきゅうりが好(す)きではありません。

마에다 씨는 오이를 좋아하지 않습니다.

野村(のむら)さんは日本語(にほんご)が上手(じょうず)です。

노무라씨는 일본어를 잘합니다.

吉田(よしだ)さんは英語(えいご)が下手(へた)ではありません。

요시다 씨는 영어를 못하지 않습니다.

④ イ形容詞「いい」

○ 긍정표현은「いい」형태를 쓴다.

いい人(ひと)。

좋은 사람.

ここがいい。

여기가 좋다.

あの人(ひと)がいいです。

저 사람이 좋습니다.

○ 부정표현은「よくない」형태를 쓴다.

よくない行動(こうどう)。

좋지 않은 행동.

ここはよくない。

여기는 좋지 않다.

あれはよくないです。

저것은 좋지 않습니다.

あれはよくありません。

저것은 좋지 않습니다.

(1)

A:　ぎとうさん、　すぎなたべものはなんですか。
　　佐藤さん、　　好きな食べ物は何ですか。

B:　ラーメンです。
　　ラーメンです。

(2)

A:　きむらさん、　このあたりはしずかですか。
　　木村さん、　　この辺りは静かですか。

B:　はい、　かなりしずかです。
　　はい、　かなり静かです。

(3)

A:　のむらさんはラーメンがきらいですか。
　　野村さんはラーメンが嫌いですか。

B:　いいえ、　きらいではありません。　すぎです。
　　いいえ、　嫌いではありません。　好きです。

B':

いいえ、 きらいではないです。 すぎです。
いいえ、 嫌いではないです。 好きです。

■ 다음의 문장을 들으면서 바로 따라서 발음하시오. 최소한 5번씩은 반복연습 하시오.

(1) ナ형용사문의 현재 긍정표현

　① 連体形 : 「～な＋体言」

　A: 佐藤さん、好(す)きな食(た)べ物(もの)は何(なん)ですか。
　　　사토상, 좋아하는 음식은 뭡니까?

　B: ラーメンです。
　　　라면입니다.

　② 終止形(보통) : 「～だ」

　A: あなた、これはどう。
　　　여보, 이건 어때?

　B: うん、きれいだね。
　　　응, 예쁜데.

　③ 終止形(정중) : 「～です」

　A: 木村(きむら)さん、この辺(あた)りは静(しず)かですか。
　　　키무라씨, 이 부근은 조용합니까?

　B: はい、かなり静(しず)かです。
　　　네, 꽤 조용합니다.

(2) ナ형용사문의 현재 부정표현

　① 連体形 : 「～ではない＋体言」

　A: どんなところがいいですか。
　　　어떤 곳이 좋습니까?

　B: あまり不便(ふべん)ではないところがいいです。
　　　그다지 불편하지 않은 곳이 좋습니다.

②終止形(보통) : 「～ではない」

   A: ここはどう。

      여기는 어때?

   B: あまり便利(べんり)ではないね。

      별로 편리하지 않은데.

③終止形(정중) : 「～ではありません」・「～ではないです」

   A: 野村(のむら)さんはラーメンが嫌(きら)いですか。

      노무라씨는 라면을 싫어합니까?

   B: いいえ、嫌(きら)いではありません。好(す)きです。

      아니요, 싫어하지 않습니다. 좋아합니다.

   B': いいえ、嫌(きら)いではないです。好(す)きです。

      아니요, 싫어하지 않습니다. 좋아합니다.

(1) 한어수사＋年(ねん) : ~년

☐ 일 년   いちねん(1年)

☐ 이 년   にねん (2年)

☐ 삼 년   さんねん(3年)

☐ 사 년   よねん　(4年)

☐ 오 년   ごねん(5年)

☐ 육 년   ろくねん(6年)

☐ 칠 년   ななねん・しちねん(7年)

☐ 팔 년   はちねん(8年)

☐ 구 년   きゅうねん・くねん(9年)

☐ 십 년   じゅうねん(10年)

☐ 십일 년   じゅういちねん(11年)

☐ 십이 년   じゅうにねん(12年)

☐ 십삼 년   じゅうさんねん(13年)

☐ 십사 년   じゅうよねん(14年)

☐ 십오 년   じゅうごねん(15年)

☐ 십육 년   じゅうろくねん(16年)

☐ 십칠 년   じゅうななねん・じゅうしちねん(17年)

☐ 십팔 년   じゅうはちねん(18年)

☐ 십구 년   じゅうきゅうねん・じゅうくねん(19年)

☐ 이십 년   にじゅうねん(20年)

☐ 삼십 년	さんじゅうねん(30年)	
☐ 사십 년	よんじゅうねん(40年)	
☐ 오십 년	ごじゅうねん(50年)	
☐ 육십 년	ろくじゅうねん(60年)	
☐ 칠십 년	ななじゅうねん・しちじゅうねん(70年)	
☐ 팔십 년	はちじゅうねん(80年)	
☐ 구십 년	きゅうじゅうねん(90年)	
☐ 백 년	ひゃくねん(100年)	
☐ 천 년	せんねん(1000年)	
☐ 이천 년	にせんねん(2000年)	
☐ 이천 십년	にせんじゅうねん(2010年)	
⋮		
☐ 몇 년	なんねん(何年)	

(2) 한어수사＋倍(ばい) : ～배

☐ 한 배	いちばい(一倍)
☐ 두 배	にばい(二倍)
☐ 세 배	さんばい(三倍)
☐ 네 배	よんばい(四倍)
☐ 다섯 배	ごばい(五倍)
☐ 여섯 배	ろくばい(六倍)
☐ 일곱 배	ななばい(七倍)
☐ 여덟 배	はちばい(八倍)
☐ 아홉 배	きゅうばい(九倍)
☐ 열 배	じゅうばい(十倍)

☐ 이십 배	にじゅうばい(二十倍)
☐ 삼십 배	さんじゅうばい(三十倍)
☐ 사십 배	よんじゅうばい(四十倍)
☐ 오십 배	ごじゅうばい(五十倍)
☐ 육십 배	ろくじゅうばい(六十倍)
☐ 칠십 배	ななじゅうばい(七十倍)
☐ 팔십 배	はちじゅうばい(八十倍)
☐ 구십 배	きゅうじゅうばい(九十倍)
☐ 백 배	ひゃくばい(百倍)
⋮	
☐ 몇 배	なんばい(何倍)

(1) 한글해석을 보면서 빈 칸에 한자가나혼용체로 문장을 입력해 보세요. 단 외래어는 가타카나로 입력하세요.

① 유명한 사람 ⇨ _____

② 이것은 조작이 간단하다. ⇨ _____

③ 모리타씨는 영화를 좋아합니다. ⇨ _____

④ 이 구두는 질기지 않다. ⇨ _____

⑤ 여기는 번화하지 않습니다. ⇨ _____

(2) 다음을 히라가나로 표기하여 작문하시오. 단 외래어는 가타카나로 쓰세요.

① 이 역은 불편하다.
⇨ _____

② 저 사람은 유명한 음악가입니다.
⇨ _____

③ 친절하지 않은 점원도 있다.
⇨ _____

④ 집사람은 요리를 잘한다.
⇨ _____

⑤ 저 학생은 일본어를 잘하지 못합니다.
⇨ _____

イ형용사문・ナ형용사문(과거형)

☐ 頃(ころ)	무렵, 때
☐ 昔(むかし)	옛날
☐ 作家(さっか)	작가
☐ まさか	설마
☐ 本当(ほんとう)	정말, 진짜
☐ 背(せ)	키
☐ 薄い(うすい)	얇다
☐ カレー	카레
☐ 字(じ)	글씨
☐ 数学(すうがく)	수학
☐ 当時(とうじ)	당시
☐ いまごろ	요사이, 지금쯤
☐ このごろ	요즈음, 요사이
☐ 一昨年(おととし)	재작년
☐ 去年(きょねん)	작년
☐ 昨年(さくねん)	작년
☐ 今年(ことし)	금년
☐ 来年(らいねん)	내년
☐ 再来年(さらいねん)	내후년
☐ 先々月(せんせんげつ)	전전 달
☐ 先月(せんげつ)	전 달
☐ 今月(こんげつ)	이번 달
☐ 来月(らいげつ)	다음 달
☐ 再来月(さらいげつ)	다다음 달

☐ 先々週(せんせんしゅう)	전전 주
☐ 先週(せんしゅう)	전 주
☐ 今週(こんしゅう)	금 주
☐ 来週(らいしゅう)	다음 주
☐ 再来週(さらいしゅう)	다다음 주
☐ 一昨日(おととい)	그제(그저께)
☐ 昨日(きのう)	어제(어저께)
☐ 今日(きょう)	오늘
☐ 明日(あした・あす)	내일
☐ 明後日(あさって)	모레
☐ 荷物(にもつ)	짐
☐ 昼休み(ひるやすみ)	점심시간
☐ 試験(しけん)	시험
☐ 今度(こんど)	이번
☐ 性格(せいかく)	성격
☐ 調査報告(ちょうさほうこく)	조사보고
☐ 服(ふく)	옷
☐ 脚(あし)	다리
☐ 火事(かじ)	화재
☐ 起きる(おきる)	일어나다
☐ まわり	주위
☐ きつい	꽉 끼다
☐ 逞しい(たくましい)	늠름하다
☐ まずい	맛없다
☐ 貧しい(まずしい)	가난하다
☐ だるい	나른하다
☐ 騒がしい(さわがしい)	소란스럽다
☐ 険しい(けわしい)	험하다

☐ 賢い(かしこい)	똑똑하다, 현명하다
☐ 図々しい(ずうずうしい)	뻔뻔스럽다
☐ 地味だ(じみだ)	수수하다
☐ いやだ	싫다
☐ 出鱈目だ(でたらめだ)	엉망이다
☐ 著名だ(ちょめいだ)	저명하다
☐ 派手だ(はでだ)	화려하다
☐ 鮮やかだ(あざやかだ)	선명하다
☐ 重要だ(じゅうようだ)	중요하다
☐ 内向的だ(ないこうてきだ)	내성적이다
☐ 楽天的だ(らくてんてきだ)	낙천적이다

1 **イ형용사문의 과거 긍정표현** 🔊 ─────────────────○

① 終止形(보통) : 「～かった」

A: 学生(がくせい)の頃(ころ)は楽(たの)しかったね。
학생 때는 재미있었지.

B: うん、そうだったね。
응, 그랬었지.

② 終止形(정중) : 「～かったです」

A: ここは昨日(きのう)まで涼(すず)しかったです。
여기는 어제까지 시원했습니다.

B: あ、そうでしたか。
아, 그랬습니까.

2 **イ형용사문의 과거 부정표현** 🔊 ─────────────────○

① 終止形(보통) : 「～くなかった」

A: 昔(むかし)、この作家(さっか)の本(ほん)は面白(おもしろ)くなかった。
옛날 이 작가의 책은 재미있지 않았다.

B: まさか、本当(ほんとう)ですか。
설마, 정말이에요.

② 終止形(정중) : 「～くありませんでした」・「～くなかったです」

A: 中学生(ちゅうがくせい)の頃(ころ)、背(せ)はどうでしたか。
중학생 때 키는 어땠습니까?

B: あまり高(たか)くありませんでした。
별로 크지 않았습니다.

B': あまり高(たか)くなかったです。
별로 크지 않았습니다.

③ イ형용사문의 중지표현 🔊 ───────────────○

A: 薄(うす)くて面白(おもしろ)い本(ほん)、ありますか。
얇고 재미있는 책 있습니까?

B: はい、あります。こちらです。
예. 있습니다. 이 쪽입니다.

A: 渡辺(わたなべ)さん、部屋(へや)はどうですか。
와타나베씨, 방은 어떻습니까?

B: 明(あか)るくて広(ひろ)いです。
밝고 넓습니다.

A: この本(ほん)、どうでしたか。
이 책 어땠습니까?

B: とても面白(おもしろ)くてよかったです。
꽤 재미있어서 좋았습니다.

④ ナ형용사문의 과거 긍정표현 🔊 ───────────────○

① 終止形(보통) : 「～だった」

A: 野口君(のぐちくん)、昔(むかし)からカレーが嫌(きら)いだった？
노구치군, 옛날부터 카레를 싫어했니?

B: いいえ、好(す)きでした。
아니요, 좋아했습니다.

② 終止形(정중) : 「～でした」

A: 野村(のむら)さんは字(じ)がどうでしたか。
노무라 씨는 글씨가 어땠습니까?

B: とても、上手(じょうず)でした。
꽤 잘 썼습니다.

⑤ ナ형용사문의 과거 부정표현 🔊 ─────────────────○

① 終止形(보통) : 「～ではなかった」

A: 私(わたし)は数学(すうがく)が好(す)きではなかった。あなたは？
나는 수학을 좋아하지 않았어. 너는?

B: 僕(ぼく)もそうだったよ。
나도 그랬어.

② 終止形(정중) : 「～ではありませんでした」・「～ではなかったです」

A: 当時(とうじ)、ここは賑(にぎ)やかではありませんでした。
당시 여기는 번화하지 않았습니다.

A': 当時(とうじ)、ここは賑(にぎ)やかではなかったです。
당시 여기는 번화하지 않았습니다.

B: あ、そうでしたか。
아, 그랬습니까?

⑥ ナ형용사문의 중지표현 🔊 ─────────────────○

A: 静(しず)かできれいな部屋(へや)、ありますか。
조용하고 깨끗한 방 있습니까?

B: はい、あります。
예, 있습니다.

❶ 頃(ころ)

○ 「頃(ころ)」는 [경, 무렵, 시기] 등으로 해석되며 체언이 앞에 올 때는 사이에 조사 「の」를 넣어서 표현한다.

○ 「いまごろ」 "요사이", "지금쯤" / 「このごろ」 "요즈음" "요사이"의 경우는 「ごろ」로 발음함에 주의해야 한다.

> 学生(がくせい)の頃(ころ)
> 학생 때 / 학생 무렵
>
> 小学生(しょうがくせい)の頃(ころ)
> 초등학생 때 / 초등학생 무렵

❷ 시간을 나타내는 명사

おととし (一昨年) 재작년	ー	きょねん(去年) さくねん(昨年) 작년	ー	ことし (今年) 올해(금년)	ー	らいねん (来年) 내년	ー	さらいねん (再来年) 내후년
せんせんげつ (先々月) 전전 달	ー	せんげつ (先月) 전 달	ー	こんげつ (今月) 이번 달	ー	らいげつ (来月) 다음 달	ー	さらいげつ (再来月) 다다음 달
せんせんしゅう (先々週) 전전 주	ー	せんしゅう (先週) 전 주	ー	こんしゅう (今週) 이번 주	ー	らいしゅう (来週) 다음 주	ー	さらいしゅう (再来週) 다다음 주
おととい (一昨日) 그제(그저께)	ー	きのう (昨日) 어제(어저께)	ー	きょう (今日) 오늘	ー	あした・あす (明日) 내일	ー	あさって (明後日) 모레

1 イ형용사문의 과거 긍정표현

○ 終止形(보통) : 「~かった」

イ形容詞의 어미 「い」를 떼고 「かった」를 붙여 활용시키며 [~았(었)다]로 해석된다.

> 学生(がくせい)の頃(ころ)は楽(たの)しかった。
> 학생 때는 재미있었다.
> あのデパートはかなり値段(ねだん)が安(やす)かった。
> 그 백화점은 꽤 값이 쌌다.

○ 終止形(정중) : 「~かったです」

イ形容詞의 어미 「い」를 떼고 「~かったです」를 붙여 활용시키며 [~았(었)습니다]로 해석된다.

> 昨日(きのう)は涼(すず)しかったです。
> 어제는 시원했습니다.
> 彼(かれ)は背(せ)が低(ひく)かったです。
> 그는 키가 작았습니다.

2 イ형용사문의 과거 부정표현

○ 終止形(보통) : 「~くなかった」

イ形容詞의 어미 「い」를 떼고 「~くなかった」를 붙여 활용시키며 [~지 않았다]로 해석된다.

> この作家(さっか)の本(ほん)は面白(おもしろ)くなかった。
> 이 작가의 책은 재미있지 않았다.

あのキムチは辛(から)くなかった。

그 김치는 맵지 않았다.

○ 終止形(정중) : 「～くありませんでした」・「～くなかったです」

  イ形容詞의 어미 「い」를 떼고 「～くありませんでした」또는 「～くなかったです」를 붙여

  활용시키며 [~지 않았습니다]로 해석된다.

彼(かれ)の荷物(にもつ)はあまり重(おも)くありませんでした。

그의 짐은 별로 무겁지 않았습니다.

彼(かれ)の荷物(にもつ)はあまり重(おも)くなかったです。

그의 짐은 별로 무겁지 않았습니다.

---

③ イ형용사문의 중지표현 ────────────────────────────○

○ イ形容詞의 어미 「い」를 떼고 「くて」를 붙여 활용시키며 [~고]로 해석된다.

薄(うす)くて面白(おもしろ)い本(ほん)があります。

얇고 재미있는 책이 있습니다.

この部屋(へや)は明(あか)るくて広(ひろ)いです。

이 방은 밝고 넓습니다.

---

④ ナ형용사문의 과거 긍정표현 ────────────────────────○

○ 終止形(보통) : 「～だった」

  ナ形容詞의 어미 「だ」를 떼고 「～だった」를 붙여 활용시키며 [~았(었)다]로 해석된다.

田中(たなか)さんはカレーが嫌(きら)いだった。

다나카 씨는 카레를 싫어했다.

妹(いもうと)は日本語(にほんご)が上手(じょうず)だった。

여동생은 일본어를 잘 했다.

○ 終止形(정중) : 「~でした」

ナ形容詞의 어미「だ」를 떼고「~でした」를 붙여 활용시키며 [~았(었)습니다]로 해석된다.

> あの店(みせ)は魚(さかな)がとても新鮮(しんせん)でした。
> 그 가게는 생선이 꽤 싱싱했습니다.

⑤ ナ형용사문의 과거 부정표현

○ 終止形(보통) : 「~ではなかった」

ナ形容詞의 어미「だ」를 떼고「~ではなかった」를 붙여 활용시키며 [~지 않았다]로 해석된다.

> 僕(ぼく)は音楽(おんがく)が好(す)きではなかった。
> 나는 음악을 좋아하지 않았다.
> あの店員(てんいん)は親切(しんせつ)ではなかった。
> 그 점원은 친절하지 않았다.

○ 終止形(정중) : 「~ではありませんでした」・「~ではなかったです」

ナ形容詞의 어미「だ」를 떼고「~ではありませんでした」또는「~ではなかったです」를 붙여 활용시키며 [~지 않았습니다]로 해석된다.

> ここは賑(にぎ)やかではありませんでした。
> 여기는 번화하지 않았습니다.
> ここは賑(にぎ)やかではなかったです。
> 여기는 번화하지 않았습니다.

⑥ ナ형용사문의 중지표현

○ ナ形容詞의 어미「だ」를 떼고「~で」를 붙여 활용시키며 [~고]로 해석된다.

ここは便利(べんり)で静(しず)かな駅(えき)です。

여기는 편리하고 조용한 역입니다.

彼(かれ)は親切(しんせつ)で真面目(まじめ)です。

그는 친절하고 성실합니다.

7 조사 「よ」

○「よ」의 용법

① 자신의 판단이나 명령, 권유 등을 청자에게 주장한다든지, 거듭 확인한다든지, 강요한다든지 할 때 사용한다.

あぶないよ。

위험해.

時間(じかん)ですよ。

시간됐어요.

いっしょに行(い)こうよ。

같이 가자.

早(はや)く来(こ)いよ。

빨리 와.

② 상대에 대한 반발이나 따질 때 사용한다.

どこへ行(い)くんだよ。

어디 가는거야.

どうするんだよ。

어떻게 할 거야.

③ 호소하거나 그 형식의 낭독에 사용한다.

父(ちち)よ、あなたは偉(えら)かった。

아버지요, 당신은 위대했다.

8 조사 「まで」 ————————————————————————————————o

o 「まで」는 시간, 장소의 범위를 기점으로 하는 격조사 「から」와 함께 이용되어 [종점, 도달점, 한계점]을 나타낸다.

> 昼休(ひるやす)みは12時(じゅうにじ)から1時(いちじ)までです。
> 점심시간은 12시부터 1시까지입니다.
> この試験(しけん)は10時(じゅうじ)までです。
> 이 시험은 10시까지입니다.

(1)

A:

ここはきのうまですずしかったです。
ここは昨日まで涼しかったです。

B:

あ、　そうでしたか。
あ、　　そうでしたか。

(2)

A:

ちゅうがくせいのころ、　せはどうでしたか。
中学生の頃、　　背はどうでしたか。

B:

あまりだかくありませんでした。
あまり高くありませんでした。

B':

あまりだかくなかったです。
あまり高くなかったです。

(3)

A:

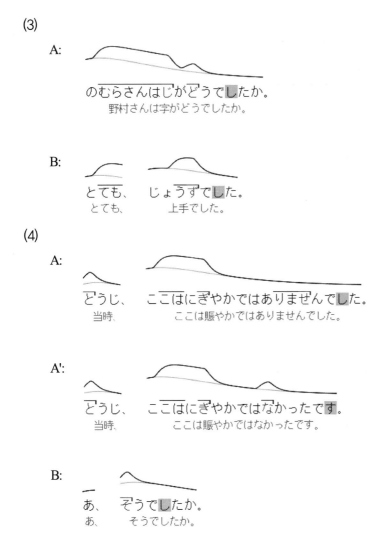

のむらさんはじがどうでした か。
野村さんは字がどうでしたか。

B:

とても、 じょうずでした。
とても、 上手でした。

(4)

A:

どうじ、 ここはにぎやかではありませんでした。
当時、 ここは賑やかではありませんでした。

A':

どうじ、 ここはにぎやかではなかったです。
当時、 ここは賑やかではなかったです。

B:

あ、 そうでしたか。
あ、 そうでしたか。

■ 다음의 문장을 들으면서 바로 따라서 발음하시오. 최소한 5번씩은 반복연습 하시오.

(1) イ형용사문의 과거 긍정표현

① 終止形(보통) : 「～かった」

A: 学生(がくせい)の頃(ころ)は楽(たの)しかったね。
　　학생 때는 재미있었지.

B: うん、そうだったね。
　　응, 그랬었지.

② 終止形(정중) : 「～かったです」

A: ここは昨日(きのう)まで涼(すず)しかったです。
　　여기는 어제까지 시원했습니다.

B: あ、そうでしたか。
　　아, 그랬습니까.

(2) イ형용사문의 과거 부정표현

① 終止形(보통) : 「～くなかった」

A: 昔(むかし)、この作家(さっか)の本(ほん)は面白(おもしろ)くなかった。
　　옛날 이 작가의 책은 재미있지 않았다.

B: まさか、本当(ほんとう)ですか。
　　설마, 정말이에요?

② 終止形(정중) : 「～くありませんでした」・「～くなかったです」

A: 中学生(ちゅうがくせい)の頃(ころ)、背(せ)はどうでしたか。
　　중학생 때 키는 어땠습니까?

B: あまり高(たか)くありませんでした。
　　별로 크지 않았습니다.

B': あまり高(たか)くなかったです。
별로 크지 않았습니다.

(3) イ형용사문의 중지표현

A: 薄(うす)くて面白(おもしろ)い本(ほん)、ありますか。
얇고 재미있는 책 있습니까?

B: はい、あります。こちらです。
예. 있습니다. 이 쪽입니다.

A: 渡辺(わたなべ)さん、部屋(へや)はどうですか。
와타나베씨, 방은 어떻습니까?

B: 明(あか)るくて広(ひろ)いです。
밝고 넓습니다.

A: この本(ほん)、どうでしたか。
이 책 어땠습니까?

B: とても面白(おもしろ)くてよかったです。
꽤 재미있어서 좋았습니다.

(4) ナ형용사문의 과거 긍정표현

① 終止形(보통):「～だった」

A: 野口君(のぐちくん)、昔(むかし)からカレーが嫌(きら)いだった。
노구치군, 옛날부터 카레를 싫어했니?

B: いいえ、好(す)きでした。
아니요. 좋아했습니다.

② 終止形(정중):「～でした」

A: 野村(のむら)さんは字(じ)がどうでしたか。
노무라 씨는 글씨가 어땠습니까?

B: とても、上手(じょうず)でした。
꽤 잘 썼습니다.

(5) ナ형용사문의 과거 부정표현

　① 終止形(보통) : 「～ではなかった」

　A: 私(わたし)は数学(すうがく)が好(す)きではなかった。あなたは。
　　나는 수학을 좋아하지 않았어.　너는?

　B: 僕(ぼく)もそうだったよ。
　　나도 그랬어.

　② 終止形(정중) : 「～ではありませんでした」・「～ではなかったです」

　A: 当時(とうじ)、ここは賑(にぎ)やかではありませんでした。
　　당시 여기는 번화하지 않았습니다.

　A': 当時(とうじ)、ここは賑(にぎ)やかではなかったです。
　　당시 여기는 번화하지 않았습니다.

　B: あ、そうでしたか。
　　아, 그랬습니까?

(6) ナ형용사문의 중지표현

　A: 静(しず)かできれいな部屋(へや)、ありますか。
　　조용하고 깨끗한 방 있습니까?

　B: はい、あります。
　　예, 있습니다.

보너스 학습 ◀))

(1) 한어수사＋歳/才(さい) : ～살(세) [나이를 셀 때]

☐ 한 살/일 세   いっさい(1歳)

☐ 두 살/이 세   にさい(2歳)

☐ 세 살/삼 세   さんさい(3歳)

☐ 네 살/사 세   よんさい(4歳)

☐ 다섯 살/오 세   ごさい(5歳)

☐ 여섯 살/육 세   ろくさい(6歳)

☐ 일곱 살/칠 세   ななさい(7歳)

☐ 여덟 살/팔 세   はっさい(8歳)

☐ 아홉 살/구 세   きゅうさい(9歳)

☐ 열 살/십 세   じゅっさい・じっさい(10歳)

☐ 열한 살/십일 세   じゅういっさい(11歳)

☐ 열두 살/십이 세   じゅうにさい(12歳)

☐ 열세 살/십삼 세   じゅうさんさい(13歳)

☐ 열네 살/십사 세   じゅうよんさい(14歳)

☐ 열다섯 살/십오 세   じゅうごさい(15歳)

☐ 열여섯 살/십육 세   じゅうろくさい(16歳)

☐ 열일곱 살/십칠 세   じゅうななさい(17歳)

☐ 열여덟 살/십팔 세   じゅうはっさい(18歳)

☐ 열아홉 살/십구 세   じゅうきゅうさい(19歳)

☐ 스무 살/이십 세   はたち(20歳)

□ 서른 살/삼십 세	さんじゅっさい・さんじっさい(30歳)
□ 마흔 살/사십 세	よんじゅっさい・よんじっさい(40歳)
□ 쉰 살/오십 세	ごじゅっさい・ごじっさい(50歳)
□ 예순 살/육십 세	ろくじゅっさい・ろくじっさい(60歳)
□ 일흔 살/칠십 세	ななじゅっさい・ななじっさい(70歳)
□ 여든 살/팔십 세	はちじゅっさい・はちじっさい(80歳)
□ 아흔 살/구십 세	きゅうじゅっさい・きゅうじっさい(90歳)
□ 백 살/백 세	ひゃくさい(100歳)
⋮	
□ 몇 살/몇 세	なんさい(何歳)／いくつ

(2) 한어수사＋回(かい) : ～회(회수를 나타냄)

□ 일 회	いっかい(1回)
□ 이 회	にかい(2回)
□ 삼 회	さんかい(3回)
□ 사 회	よんかい(4回)
□ 오 회	ごかい(5回)
□ 육 회	ろっかい(6回)
□ 칠 회	ななかい(7回)
□ 팔 회	はっかい(8回)
□ 구 회	きゅうかい(9回)
□ 십 회	じゅっかい・じっかい(10回)
□ 십일 회	じゅういっかい(11回)
□ 십이 회	じゅうにかい(12回)
□ 십삼 회	じゅうさんかい(13回)

☐ 십사 회	じゅうよんかい	(14回)
☐ 십오 회	じゅうごかい	(15回)
☐ 십육 회	じゅうろっかい	(16回)
☐ 십칠 회	じゅうななかい	(17回)
☐ 십팔 회	じゅうはっかい	(18回)
☐ 십구 회	じゅうきゅうかい	(19回)
☐ 이십 회	にじゅっかい・にじっかい	(20回)
☐ 삼십 회	さんじゅっかい・さんじっかい	(30回)
☐ 사십 회	よんじゅっかい・よんじっかい	(40回)
☐ 오십 회	ごじゅっかい・ごじっかい	(50回)
☐ 육십 회	ろくじゅっかい・ろくじっかい	(60回)
☐ 칠십 회	ななじゅっかい・ななじっかい	(70回)
☐ 팔십 회	はちじゅっかい・はちじっかい	(80回)
☐ 구십 회	きゅうじゅっかい・きゅうじっかい	(90回)
☐ 백 회	ひゃっかい	(100回)
⋮		
☐ 몇 회	なんかい	(何回)

연습문제

(1) 한글해석을 보면서 빈 칸에 한자가나혼용체로 문장을 입력해 보세요. 단 외래어는 가타카나로 입력하세요.

① 작년 봄은 따뜻했다.

⇨ _____

② 올해 겨울은 춥지 않았다.

⇨ _____

③ 화재가 나서 주위가 시끄러웠습니다.

⇨ _____

④ 이 조사보고는 엉망이었다.

⇨ _____

⑤ 나는 화려하고 선명한 색을 좋아합니다.

⇨ _____

(2) 다음을 히라가나로 표기하여 작문하시오. 단 외래어는 가타카나로 쓰세요.

① 그는 성격이 수수했다.

⇨ _____

② 그 문제는 별로 중요하지 않았습니다.

⇨ _____

③ 그는 상냥하고 늠름하다.

⇨ _____

④ 기무라씨는 다리가 길어서 빠릅니다.

⇨ _____

⑤ 여기는 역이 가까워서 편리합니다.

⇨ _____

동사문 I (ます형)

☐ 公園(こうえん)	공원
☐ 行く(いく)	가다
☐ 朝(あさ)	아침
☐ 起きる(おきる)	일어나다
☐ 食べる(たべる)	먹다
☐ ステーキ	스테이크
☐ する	하다
☐ 勉強(べんきょう)	공부
☐ 来る(くる)	오다
☐ 大事だ(だいじだ)	중요하다
☐ お客さん(おきゃくさん)	손님의 경칭
☐ 会う(あう)	만나다
☐ 一緒に(いっしょに)	함께
☐ テニス	테니스
☐ 生活(せいかつ)	생활
☐ 写真(しゃしん)	사진
☐ 撮る(とる)	(사진을)찍다
☐ いる	있다
☐ 着る(きる)	입다
☐ 落ちる(おちる)	떨어지다
☐ 煮る(にる)	삶다
☐ 干る(ひる)	마르다
☐ 伸びる(のびる)	신장하다
☐ 見る(みる)	보다

☐ 借りる(かりる)	꾸다
☐ 得る(える)	얻다
☐ 掛ける(かける)	걸다
☐ 挙げる(あげる)	들다
☐ 載せる(のせる)	싣다
☐ 当てる(あてる)	맞히다
☐ 出る(でる)	나가다
☐ 寝る(ねる)	자다
☐ 経る(へる)	경과하다
☐ 止める(とめる)	세우다
☐ 切れる(きれる)	잘리다
☐ 出かける(でかける)	나가다
☐ 入る(はいる)	들어가다
☐ 走る(はしる)	달리다
☐ 切る(きる)	자르다
☐ 知る(しる)	알다
☐ 散る(ちる)	지다
☐ 似る(にる)	닮다
☐ 放る(ひる)	뀌다
☐ 帰る(かえる)	돌아가다
☐ 蹴る(ける)	차다
☐ 競る(せる)	경매하다
☐ 照る(てる)	비치다
☐ 練る(ねる)	반죽하다
☐ 減る(へる)	줄다
☐ 湿る(しめる)	촉촉해지다
☐ 買う(かう)	사다
☐ 嗅ぐ(かぐ)	냄새 맡다

☐ 押す(おす)	밀다
☐ 立つ(たつ)	서다
☐ 死ぬ(しぬ)	죽다
☐ 飛ぶ(とぶ)	날다
☐ 読む(よむ)	읽다
☐ 飲む(のむ)	마시다
☐ 折る(おる)	꺾다
☐ 始まる(はじまる)	시작되다
☐ 売る(うる)	팔다
☐ なる	되다
☐ 紙(かみ)	종이
☐ とんかつ	돈까스
☐ 毎日(まいにち)	매일
☐ 一生懸命(いっしょうけんめい)	열심히
☐ 田舎(いなか)	시골
☐ 毎朝(まいあさ)	매일 아침
☐ 週末(しゅうまつ)	주말
☐ ビール	맥주
☐ 運動する(うんどうする)	운동하다
☐ 体重(たいじゅう)	체중
☐ 団栗(どんぐり)	도토리
☐ 拾う(ひろう)	줍다
☐ ゴルフ	골프
☐ 普段(ふだん)	보통
☐ バス	버스
☐ バス亭(バスてい)	버스 정류장
☐ 乗る(のる)	타다
☐ スキー	스키

☐ 長野(ながの)	나가노(일본의 지명)
☐ 鳥(とり)	새
☐ 体(からだ)	몸
☐ 薬(くすり)	약
☐ 使う(つかう)	사용하다
☐ 子供達(こどもたち)	아이들
☐ 遊ぶ(あそぶ)	놀다

1 동사의 긍정표현 「〜ます」 ◀»

A: どこへ行(い)きますか。
어디에 갑니까?

B: 公園(こうえん)へ行(い)きます。
공원에 갑니다.

A: 朝(あさ)何時(なんじ)に起(お)きますか。
아침 몇 시에 일어납니까?

B: 八時(はちじ)に起(お)きます。
여덟 시에 일어납니다.

A: 何(なに)を食(た)べますか。
무엇을 먹습니까?

B: ステーキを食(た)べます。
스테이크를 먹습니다.

A: 学校(がっこう)で何(なに)をしますか。
학교에서 무엇을 합니까?

B: 勉強(べんきょう)をします。
공부를 합니다.

A: 今日(きょう)誰(だれ)が来(き)ますか。
오늘 누가 옵니까?

B: 大事(だいじ)なお客(きゃく)さんが来(き)ます。
중요한 손님이 옵니다.

2 동사의 부정표현 「～ません」 🔊

A: 今日(きょう)学校(がっこう)で友達(ともだち)に会(あ)いますか。
　오늘 학교에서 친구를 만납니까?

B: いいえ、会(あ)いません。明日(あした)会(あ)います。
　아니오, 만나지 않습니다. 내일 만납니다.

A: よくテレビを見(み)ますか。
　자주 텔레비전을 봅니까?

B: いいえ、あまり見(み)ません。
　아니요, 별로 보지 않습니다.

A: いっしょにテニスをしませんか。
　함께 테니스를 하지 않겠습니까?

B: 今(いま)はちょっと…。
　지금은 좀….

3 ます형+に 🔊

A: 何(なに)をしに行(い)きますか。
　무엇을 하러 갑니까?

B: 映画(えいが)を見(み)に行(い)きます。
　영화를 보러 갑니다.

1 ～に会(あ)う

○ 「～に会う」의 「に」 앞에는 동작의 대상이 온다.
○ 한국어로는 [～을/를]로 해석되니 주의해야 한다.

2 一緒(いっしょ)に

○ 명사로는 「一緒(いっしょ)」의 형태로 사용되나 부사적으로는 「一緒(いっしょ)に」의 형태로 사용된다.
○ 이 단어는 두사람 이상이 행동을 같이한다는 의미로 명사로는 [함께 함], [같이 함]으로 부사적으로는 [함께], [같이] 정도로 해석한다.

> 兄弟(きょうだい)一緒(いっしょ)の生活(せいかつ)。
> 형제끼리 함께 사는 생활.
> みんな一緒(いっしょ)に写真(しゃしん)を撮(と)ります。
> 모두 함께 사진을 찍습니다.

문법학습

① 동사의 종류

- 일본어 동사의 종류에는 る동사[또는 一段動詞], う동사[또는 五段動詞], 불규칙동사[또는 変格動詞]가 있다.
- 일본어 동사의 기본형은 う段으로 끝나는 특징이 있다. 단 현대어는 う段 중에서 [ふ]나[ゆ]로 끝나는 동사는 없다.

(1) る동사

- 기본적으로 동사의 기본형이 る로 끝이 나고 바로 앞이 い段이나 え段으로 끝나는 동사
    - い段(い、き(ぎ)、し(じ)、ち、に、ひ(び)、み、り)으로 끝나는 동사

いる 있다	着(き)る 입다	落(お)ちる 떨어지다
煮(に)る 삶다	干(ひ)る 마르다	伸(の)びる 신장하다
見(み)る 보다	借(か)りる 꾸다	

    - え段(え、け(げ)、せ、て(で)、ね、へ(べ)、め、れ)으로 끝나는 동사

得(え)る 얻다	掛(か)ける 걸다	挙(あ)げる 들다
載(の)せる 싣다	当(あ)てる 맞히다	出(で)る 나가다
寝(ね)る 자다	経(へ)る 경과하다	食(た)べる 먹다
止(と)める 세우다	切(き)れる 잘리다	

- 예외동사(동사 기본형이 る로 끝이 나고 바로 앞이 い段이나 え段으로 끝나나 う동사인 것)
    - 入(はい)る 들어가다　　走(はし)る 달리다　　切(き)る 자르다
       知(し)る 알다　　　　　散(ち)る 지다　　　　似(に)る 닮다
       放(ひ)る 뀌다

－帰(かえ)る 돌아가다　　蹴(け)る 차다　　　競(せ)る 경매하다

照(て)る 비치다　　　練(ね)る 반죽하다　　減(へ)る 줄다

湿(しめ)る 촉촉해지다

(2) 불규칙 동사

○ 「する」, 「来(く)る」의 두 동사뿐이며 활용할 때 불규칙적으로 활용하므로 불규칙 동사라고 한다.

○ 「する」를 サ행변격동사(サ行変格動詞), 「来(く)る」를 カ행변격동사(カ行変格動詞)라고도 한다.

(3) う동사

○ [る동사]와 [불규칙 동사]를 제외한 동사를 가리킨다.

○ 기본적으로 동사의 기본형이 「う、く(ぐ)、す、つ、ぬ、ぶ、む、る」로 끝이 난다.

買(か)う 사다　　　行(い)く 가다　　　嗅(か)ぐ 냄새 맡다

押(お)す 밀다　　　立(た)つ 서다　　　死(し)ぬ 죽다

飛(と)ぶ 날다　　　読(よ)む 읽다　　　折(お)る 꺾다

○ 동사의 기본형이 「る」로 끝이 나 있어도 바로 앞이 い段이나 え段으로 끝이 나 있지 않으면 う동사이다.

始(はじ)まる 시작되다　　売(う)る 팔다　　なる 되다

2 긍정표현 「～ます」

○ 用言이나 助動詞의 어미를 변화시키는 것을 활용이라고 한다.

○ 일본어의 정중한 긍정표현 [~ㅂ/습니다], [~ㄹ/을 것입니다], [~겠습니다]를 만들 때는 동사의 기본형을 연용형으로 바꾼 상태에 助動詞 「ます」를 붙여서 만든다.

○ 「ます形」(연용형)

(1) う동사

○ 동사의 기본형인 う段을 い段으로 바꾸고 뒤에 「ます」를 붙인다.

買(か)う → 買(か)い+ます = 買(か)います   삽니다

売(う)る → 売(う)り+ます = 売(う)ります   팝니다

帰(かえ)る → 帰(かえ)り+ます = 帰(かえ)ります   돌아갑니다

(2) る동사

○ 동사의 기본형인 る를 떼어내고 뒤에 「ます」를 붙인다.

起(お)きる → 起(お)き+ます = 起(お)きます   일어납니다

食(た)べる → 食(た)べ+ます = 食(た)べます   먹습니다

(3) 불규칙 동사

○ 「する」에서 る를 떼고 「す」를 「し」로 고친 뒤에 「ます」를 붙인다.

する → し+ます = します   합니다

○ 「来(く)る」에서 る를 떼고 「く」를 「き」로 고친 뒤에 「ます」를 붙인다.

来(く)る → 来(き)+ます = 来(き)ます   옵니다

---

③ 부정표현 「～ません」 ─────────────────────────○

○ 일본어의 정중한 부정표현 [~지 않습니다], [~지 않을 것입니다], [~지 않겠습니다]를 만들 때는 동사의 기본형을 연용형으로 바꾼 상태에 助動詞 「ません」을 붙여서 만든다.

(1) う동사

○ 동사의 기본형인 う段을 い段으로 바꾸고 뒤에 「ません」을 붙인다.

買(か)う → 買(か)い+ません = 買(か)いません   사지 않습니다

売(う)る　→　売(う)り＋ません　＝　売(う)りません　팔지 않습니다

帰(かえ)る　→　帰(かえ)り＋ません　＝　帰(かえ)りません　돌아가지 않습니다

(2) る동사

○ 동사의 기본형인 る를 떼어내고 뒤에「ません」을 붙인다.

起(お)きる　→　起(お)き＋ません　＝　起(お)きません　일어나지 않습니다

食(た)べる　→　食(た)べ＋ません　＝　食(た)べません　먹지 않습니다

(3) 불규칙 동사

○「する」에서 る를 떼고「す」를「し」로 고친 뒤에「ません」를 붙인다.

する　→　し＋ません　＝　しません　하지 않습니다

○「来(く)る」에서 る를 떼고「く」를「き」로 고친 뒤에「ません」를 붙임

来(く)る　→　来(き)＋ません　＝　来(き)ません　오지 않습니다

④　ます형+に ─────────────────────────○

○「ます형」에 조사「に」를 붙이면 [~하러]와 같이 목적을 나타내게 된다.

映画(えいが)を見(み)に行(い)きます。

영화를 보러 갑니다.

友達(ともだち)に会(あ)いに行(い)きます。

친구를 만나러 갑니다.

프레이징 발음연습 🔊

(1)

A:
あさ、　なんじにおきますか。
朝、　何時に起きますか。

B:
はちじにおきます。
八時に起きます。

(2)

A:
きょう、　がっこうでともだちにあいますか。
今日、　学校で友達に会いますか。

B:
いいえ、　あいません。　あしたあいます。
いいえ、　会いません。　あした会います。

(3)

A:
なにをしにいきますか。
なにをしに行きますか。

B:
えいがをみにいきます。
映画を見に行きます。

섀도잉 연습 🔊

■ 다음의 문장을 들으면서 바로 따라서 발음하시오. 최소한 5번씩은 반복연습 하시오.

(1) 동사의 긍정표현 「～ます」

A: どこへ行(い)きますか。
어디에 갑니까?

B: 公園(こうえん)へ行(い)きます。
공원에 갑니다.

A: 朝(あさ)何時(なんじ)に起(お)きますか。
아침 몇 시에 일어납니까?

B: 八時(はちじ)に起(お)きます。
여덟 시에 일어납니다.

A: 何(なに)を食(た)べますか。
무엇을 먹습니까?

B: ステーキを食(た)べます。
스테이크를 먹습니다.

A: 学校(がっこう)で何(なに)をしますか。
학교에서 무엇을 합니까?

B: 勉強(べんきょう)をします。
공부를 합니다.

A: 今日(きょう)、誰(だれ)が来(き)ますか。
오늘 누가 옵니까?

B: 大事(だいじ)なお客(きゃく)さんが来(き)ます。
중요한 손님이 옵니다.

(2) 동사의 부정표현「～ません」

　A: 今日(きょう)、学校(がっこう)で友達(ともだち)に会(あ)いますか。
　　오늘 학교에서 친구를 만납니까?

　B: いいえ、会(あ)いません。明日(あした)会(あ)います。
　　아니오, 만나지 않습니다. 내일 만납니다.

　A: よくテレビを見(み)ますか。
　　자주 텔레비전을 봅니까?

　B: いいえ、あまり見(み)ません。
　　아니요, 별로 보지 않습니다.

　A: いっしょにテニスをしませんか。
　　함께 테니스를 하지 않겠습니까?

　B: 今(いま)はちょっと…。
　　지금은 좀….

(3)「ます형+に」

　A: 何(なに)をしに行(い)きますか。
　　무엇을 하러 갑니까?

　B: 映画(えいが)を見(み)に行(い)きます。
　　영화를 보러 갑니다.

(1) 한어수사＋冊(さつ) : ～권 [책 권수를 셀 때]

☐ 한 권　　　　　　　　　いっさつ(1冊)

☐ 두 권　　　　　　　　　にさつ(2冊)

☐ 세 권　　　　　　　　　さんさつ(3冊)

☐ 네 권　　　　　　　　　よんさつ(4冊)

☐ 다섯 권　　　　　　　　ごさつ(5冊)

☐ 여섯 권　　　　　　　　ろくさつ(6冊)

☐ 일곱 권　　　　　　　　ななさつ(7冊)

☐ 여덟 권　　　　　　　　はっさつ(8冊)

☐ 아홉 권　　　　　　　　きゅうさつ(9冊)

☐ 열 권　　　　　　　　　じゅっさつ・じっさつ(10冊)

☐ 열한 권　　　　　　　　じゅういっさつ(11冊)

☐ 열두 권　　　　　　　　じゅうにさつ(12冊)

☐ 열세 권　　　　　　　　じゅうさんさつ(13冊)

☐ 열네 권　　　　　　　　じゅうよんさつ(14冊)

☐ 열다섯 권　　　　　　　じゅうごさつ(15冊)

☐ 열여섯 권　　　　　　　じゅうろくさつ(16冊)

☐ 열일곱 권　　　　　　　じゅうななさつ(17冊)

☐ 열여덟 권　　　　　　　じゅうはっさつ(18冊)

☐ 열아홉 권　　　　　　　じゅうきゅうさつ(19冊)

☐ 스무 권　　　　　　　　にじゅっさつ・にじっさつ(20冊)

☐ 서른 권	さんじゅっさつ・さんじっさつ(30冊)
☐ 마흔 권	よんじゅっさつ・よんじっさつ(40冊)
☐ 쉰 권	ごじゅっさつ・ごじっさつ(50冊)
☐ 예순 권	ろくじゅっさつ・ろくじっさつ(60冊)
☐ 일흔 권	ななじゅっさつ・ななじっさつ(70冊)
☐ 여든 권	はちじゅっさつ・はちじっさつ(80冊)
☐ 아흔 권	きゅうじゅっさつ・きゅうじっさつ(90冊)
☐ 백 권	ひゃくさつ(100冊)
⋮	
☐ 몇 권	なんさつ(何冊)

(2) 한어수사＋足(そく) : ～켤레(신발, 양말의 수를 셀 때)

☐ 한 켤레	いっそく(1足)
☐ 두 켤레	にそく(2足)
☐ 세 켤레	さんぞく(3足)
☐ 네 켤레	よんそく(4足)
☐ 다섯 켤레	ごそく(5足)
☐ 여섯 켤레	ろくそく(6足)
☐ 일곱 켤레	ななそく(7足)
☐ 여덟 켤레	はっそく(8足)
☐ 아홉 켤레	きゅうそく(9足)
☐ 열 켤레	じゅっそく・じっそく(10足)
☐ 열한 켤레	じゅういっそく(11足)
☐ 열두 켤레	じゅうにそく(12足)
☐ 열세 켤레	じゅうさんぞく(13足)

☐ 열네 켤레	じゅうよんそく(14足)
☐ 열다섯 켤레	じゅうごそく(15足)
☐ 열여섯 켤레	じゅうろくそく(16足)
☐ 열일곱 켤레	じゅうななそく(17足)
☐ 열여덟 켤레	じゅうはっそく(18足)
☐ 열아홉 켤레	じゅうきゅうそく(19足)
☐ 스무 켤레	にじゅっそく・にじっそく(20足)
☐ 서른 켤레	さんじゅっそく・さんじっそく(30足)
☐ 마흔 켤레	よんじゅっそく・よんじっそく(40足)
☐ 쉰 켤레	ごじゅっそく・ごじっそく(50足)
☐ 예순 켤레	ろくじゅっそく・ろくじっそく(60足)
☐ 일흔 켤레	ななじゅっそく・ななじっそく(70足)
☐ 여든 켤레	はちじゅっそく・はちじっそく(80足)
☐ 아흔 켤레	きゅうじゅっそく・きゅうじっそく(90足)
☐ 백 켤레	ひゃくそく(100足)
⋮	
☐ 몇 켤레	なんぞく(何足)

연습문제

(1) 한글해석을 보면서 빈 칸에 한자가나혼용체로 문장을 입력해 보세요. 단 외래어는 가타카나로 입력하세요.

　① 책을 삽니다.
　　⇨ _____

　② 옷을 입습니다.
　　⇨ _____

　③ 오늘은 돈까츠를 먹습니다.
　　⇨ _____

　④ 매일 열심히 공부를 합니다.
　　⇨ _____

　⑤ 시골에서 어머니가 옵니다.
　　⇨ _____

(2) 다음을 히라가나로 표기하여 작문하시오. 단 외래어는 가타카나로 쓰세요.

　① 주말에는 영화를 봅니다.
　　⇨ _____

　② 제아무리 운동해도 체중이 줄지 않습니다.
　　⇨ _____

　③ 지금 만나러 갑니다.
　　⇨ _____

④ 술을 마시러 갑니다.

⇨_____

⑤ 친구를 만나러 버스정류장에 갑니다.

⇨_____

제11과

동사문 Ⅱ (～ましょう、～う/よう)

학습내용

I 동사의 청유표현 「～ましょう」(정중), 「～う/よう」(보통)

I 동사의 의지표현 「～う/よう」+「と思う」(보통)

I 프레이징을 이용한 발음연습

I 섀도잉 연습

단어학습

☐ そろそろ	슬슬
☐ 後(あと)	나중
☐ 健康(けんこう)	건강
☐ ～ために	～위해서
☐ 思う(おもう)	생각하다
☐ 完成(かんせい)	완성
☐ 徹夜(てつや)	철야
☐ 損(そん)	손, 손해
☐ たくさん	많음. 충분함.
☐ 週末(しゅうまつ)	주말
☐ さっさと	빨랑빨랑. 척척.
☐ 片付ける(かたづける)	정리하다. 끝내다.
☐ デート	데이트
☐ 無理(むり)	억지, 곤란
☐ 遊ぶ(あそぶ)	놀다
☐ 荷物(にもつ)	짐
☐ 載せる(のせる)	싣다
☐ 毎朝(まいあさ)	매일 아침
☐ 走る(はしる)	달리다
☐ ゴルフ	골프
☐ 映画(えいが)	영화
☐ 鞄(かばん)	가방
☐ 遅くても(おそくても)	늦어도
☐ 乗る(のる)	타다

1 동사의 청유표현(정중) 「～ましょう」 ◀») ─────────────────○

   A: では、そろそろ行(い)きましょう。
     그럼 슬슬 갑시다.

   B: ええ、そうしましょう。
     예, 그럽시다.

   A: はやく食(た)べましょう。
     빨리 먹읍시다.

   B: はい。
     예.

   A: 一生懸命(いっしょうけんめい)勉強(べんきょう)しましょう。
     열심히 공부 합시다.

   B: はい、そうしましょう。
     예, 그럽시다.

   A: 一緒(いっしょ)に帰(かえ)りましょうか。
     함께 돌아가시겠습니까?

   B: いまはちょっと無理(むり)です。後(あと)で帰(かえ)ります。
     지금은 좀 무리입니다. 나중에 돌아가겠습니다.

2 동사의 청유표현(보통) 「～う/よう」 ◀») ─────────────────○

   A: 菊池君(きくちくん)、一緒(いっしょ)に遊(あそ)ぼう。
     기쿠치군, 같이 놀자.

B: うん、遊(あそ)ぼう。

응, 놀자.

A: 明日(あした)七時(しちじ)に起(お)きよう。

내일 7시에 일어나자.

B: うん、そうしよう。

응, 그러자.

A: 健康(けんこう)のために運動(うんどう)をしよう。

건강을 위해서 운동을 하자.

B: うん、そうしよう。

응, 그러자.

3 동사의 의지표현(보통) 「〜う/よう」＋「と思う」◀》 ─────────○

A: 明日(あした)映画(えいが)を見(み)に行(い)こうと思(おも)う。

내일 영화를 보러 가려고 해.

B: あ、そう。

아, 그래.

A: 夕ご飯(ゆうごはん)は辛(から)いものを食(た)べようと思(おも)います。

저녁은 매운 것을 먹으려고 합니다.

B: あ、そうですか。

아, 그러세요.

어구학습

1 後(あと)で ──────────────────────○

○ 「後で」는 '나중에' 로 해석되며 주로 시간적으로 뒤를 나타낸다.

○ 공간적으로 뒤를 나타낼 때는 「後(うし)ろ」를 쓴다.

2 ～のために ──────────────────────○

○ 「のために」의 앞에는 체언이 오며 이 체언은 목적 또는 원인, 이유를 나타낸다.

○ 목적을 나타낼 경우는 '～을/를 위해서' 로 해석이 되고 원인, 이유를 나타낼 때는 '～때문에' 로 해석이 된다.

完成(かんせい)のために徹夜(てつや)までする。
완성을 위해서 철야까지 한다.

君(きみ)のために損(そん)をした。
너 때문에 손해를 봤다.

1 동사의 청유표현(정중)

○ 동사의 원형에「ます」를 붙일 때와 마찬가지로 동사원형을 연용형으로 고친 상태에「ましょう」를 붙여서 만든다.

○ 한국어로 '~ㅂ/읍시다' 또는 '~(으)십시다' 정도로 해석된다.

(1) う동사

読(よ)む → 読(よ)み+ましょう = 読(よ)みましょう 읽읍시다

帰(かえ)る → 帰(かえ)り+ましょう = 帰(かえ)りましょう 돌아갑시다

(2) る동사

起(お)きる → 起(お)き+ましょう = 起(お)きましょう 일어납시다

食(た)べる → 食(た)べ+ましょう = 食(た)べましょう 먹읍시다

(3) 불규칙 동사

来(く)る → 来(き)+ましょう = 来(き)ましょう 옵시다

する → し+ましょう = しましょう 합시다

2 동사의 청유표현(보통)

○ う동사의 경우는 동사 원형 어미부분의 모음 [u]를 [o]로 바꾸고 뒤에 う를 붙인다.

○ る동사의 경우 동사 원형 어미부분「る」를 떼고 뒤에 よう를 붙인다.

○ 불규칙 동사「来(く)る」는 뒤의「る」를 떼고「く」의 모음 [u]를 [o]로 바꾸어「こ」로 한 뒤에

ようを 붙인다.

○ 불규칙 동사「する」는「る」를 떼고「す」의 모음[ɯ]를 [i]로 바꾸어「し」로 한 뒤에 ようを 붙인다.

○ 한국어로는 청유형인 [~자]로 해석된다.

読(よ)む → 読(よ)も＋う ＝ 読(よ)もう 읽자

食(た)べる → 食(た)べ＋よう ＝ 食(た)べよう 먹자

来(く)る → 来(こ)＋よう ＝ 来(こ)よう 오자

する → し＋よう ＝ しよう 하자

③ 동사의 의지표현(보통)

○ 보통의 동사 의지표현은 보통의 동사 청유표현과 활용시키는 형태가 같다.

○ 보통의 동사 의지표현은 활용시킨 형태 그대로도 쓰일 수 있으나 이 형태 보다는 뒤에「と思(おも)う」나「と思(おも)います」를 붙여 사용하는 경우가 많으며 '~(으)려고 생각한다/생각합니다'로 해석된다.

読(よ)む → 読(よ)も＋う ＝ 読(よ)もう＋と思う/と思います
읽으려고 생각한다/생각합니다

食(た)べる → 食(た)べ＋よう ＝ 食(た)べよう＋と思う/と思います
먹으려고 생각한다/생각합니다

来(く)る → 来(こ)＋よう ＝ 来(こ)よう＋と思う/と思います
오려고 생각한다/생각합니다

する → し＋よう ＝ しよう＋と思う/と思います
하려고 생각한다/생각합니다

(1)

A:
では、　そろそろいきましょう。
では、　そろそろ行きましょう。

B:
ええ、　そうしましょう。
ええ、　そうしましょう。

(2)

A:

きくちくん、　いっしょにあそぼう。
菊池君、　一緒に遊ぼう。

B:
うん、　あそぼう。
うん、　遊ぼう。

(3)

A:
あした、　えいがをみにいこうとおもう。
あした、　映画を見に行こうと思う。

B:
あ、　そう。
あ、　そう。

■ 다음의 문장을 들으면서 바로 따라서 발음하시오. 최소한 5번씩은 반복연습 하시오.

(1) 동사문의 청유표현(정중)「〜ましょう」

　　A: では、そろそろ行(い)きましょう。
　　　　그럼 슬슬 갑시다.
　　B: ええ、そうしましょう。
　　　　예, 그럽시다.

　　A: はやく食(た)べましょう。
　　　　빨리 먹읍시다.
　　B: はい。
　　　　예.

　　A: 一生懸命(いっしょうけんめい)勉強(べんきょう)しましょう。
　　　　열심히 공부 합시다.
　　B: はい、そうしましょう。
　　　　예, 그럽시다.

　　A: 一緒(いっしょ)に帰(かえ)りましょうか。
　　　　함께 돌아가시겠습니까?
　　B: いまはちょっと無理(むり)です。後(あと)で帰(かえ)ります。
　　　　지금은 좀 무리입니다. 나중에 돌아가겠습니다.

(2) 동사문의 청유표현(보통)「〜う/よう」

　　A: 菊池君(きくちくん)、一緒(いっしょ)に遊(あそ)ぼう。
　　　　기쿠치군, 같이 놀자.
　　B: うん、遊(あそ)ぼう。
　　　　응, 놀자.

　　A: 明日(あした)七時(しちじ)に起(お)きよう。

내일 7시에 일어나자.

B: はい、そうしましょう。

예, 그럽시다.

A: 健康(けんこう)のために運動(うんどう)をしよう。

건강을 위해서 운동을 하자.

B: うん、そうしよう。

응, 그러자.

(3) 동사문의 의지표현(보통) 「〜う/よう」+「と思う」

A: 明日(あした)映画(えいが)を見(み)に行(い)こうと思(おも)う。

내일 영화를 보러 가려고 해.

B: あ、そう。

아, 그래.

A: 夕ご飯(ゆうごはん)は辛(から)いものを食(た)べようと思(おも)います。

저녁은 매운 것을 먹으려고 합니다.

B: あ、そうですか。

아, 그러세요.

(1) 한어수사 + 泊(はく) : ~박 [잠자는 날 수를 셀 때]

☐ 일 박	いっぱく(1泊)
☐ 이 박	にはく(2泊)
☐ 삼 박	さんぱく(3泊)
☐ 사 박	よんぱく(4泊)
☐ 오 박	ごはく(5泊)
☐ 육 박	ろっぱく(6泊)
☐ 칠 박	ななはく(7泊)
☐ 팔 박	はっぱく(8泊)
☐ 구 박	きゅうはく(9泊)
☐ 십 박	じゅっぱく・じっぱく(10泊)
☐ 십일 박	じゅういっぱく(11泊)
☐ 십이 박	じゅうにはく(12泊)
☐ 십삼 박	じゅうさんぱく(13泊)
☐ 십사 박	じゅうよんぱく(14泊)
☐ 십오 박	じゅうごはく(15泊)
☐ 십육 박	じゅうろっぱく(16泊)
☐ 십칠 박	じゅうななはく(17泊)
☐ 십팔 박	じゅうはっぱく(18泊)
☐ 십구 박	じゅうきゅうはく(19泊)
☐ 이십 박	にじゅっぱく・にじっぱく(20泊)

⋮

☐ 몇 박 　　　　　　　　　　なんぱく(何泊)

(2) 한어수사＋篇(へん) : ～편(책의 편수를 셀 때)

☐ 일 편 　　　　　　　　　　いっぺん(1篇)

☐ 이 편 　　　　　　　　　　にへん(2篇)

☐ 삼 편 　　　　　　　　　　さんぺん(3篇)

☐ 사 편 　　　　　　　　　　よんぺん(4篇)

☐ 오 편 　　　　　　　　　　ごへん(5篇)

☐ 육 편 　　　　　　　　　　ろっぺん(6篇)

☐ 칠 편 　　　　　　　　　　ななへん(7篇)

☐ 팔 편 　　　　　　　　　　はっぺん(8篇)

☐ 구 편 　　　　　　　　　　きゅうへん(9篇)

☐ 십 편 　　　　　　　　　　じゅっぺん・じっぺん(10篇)

☐ 십일 편 　　　　　　　　　じゅういっぺん(11篇)

☐ 십이 편 　　　　　　　　　じゅうにへん(12篇)

☐ 십삼 편 　　　　　　　　　じゅうさんぺん(13篇)

☐ 십사 편 　　　　　　　　　じゅうよんぺん(14篇)

☐ 십오 편 　　　　　　　　　じゅうごへん(15篇)

☐ 십육 편 　　　　　　　　　じゅうろっぺん(16篇)

☐ 십칠 편 　　　　　　　　　じゅうななへん(17篇)

☐ 십팔 편 　　　　　　　　　じゅうはっぺん(18篇)

☐ 십구 편 　　　　　　　　　じゅうきゅうへん(19篇)

☐ 이십 편 　　　　　　　　　にじゅっぺん・にじっぺん(20篇)

☐ 삼십 편 　　　　　　　　　さんじゅっぺん・さんじっぺん(30篇)

☐ 사십 편	よんじゅっぺん・よんじっぺん(40篇)
☐ 오십 편	ごじゅっぺん・ごじっぺん(50篇)
☐ 육십 편	ろくじゅっぺん・ろくじっぺん(60篇)
☐ 칠십 편	ななじゅっぺん・ななじっぺん(70篇)
☐ 팔십 편	はちじゅっぺん・はちじっぺん(80篇)
☐ 구십 편	きゅうじゅっぺん・きゅうじっぺん(90篇)
☐ 백 편	ひゃっぺん(100篇)
⋮	
☐ 몇 편	なんぺん(何篇)

(1) 한글 해석을 보면서 빈 칸에 한자가나혼용체로 문장을 입력해 보세요. 단 외래어는 가타카나로 입력하세요.

① 내일 돌아갑시다.

⇨ _____

② 짐을 실읍시다.

⇨ _____

③ 좋은 책을 많이 읽읍시다.

⇨ _____

④ 건강을 위해서 매일아침 달립시다.

⇨ _____

⑤ 이번 주 토요일에 골프를 하자.

⇨ _____

(2) 다음을 히라가나로 표기하여 작문하시오. 단 외래어는 가타카나로 쓰세요.

① 주말에 같이 영화를 봅시다.

⇨ _____

② 차 위에 가방을 싣자.

⇨ _____

③ 교실 안을 빨리 정리하자.

⇨ _____

④ 늦어도 7시에는 버스를 타려고 생각합니다.

⇨ _____

⑤ 오늘은 여자친구와 데이트를 하려고 한다.

⇨ _____

동사문 Ⅲ (〜ました、〜ませんでした)

☐	帽子(ぼうし)	모자
☐	先輩(せんぱい)	선배
☐	結婚式(けっこんしき)	결혼식
☐	何か(なにか)	뭔가
☐	どこか	어딘가
☐	誰か(だれか)	누군가
☐	誰も(だれも)	누구도
☐	匂い(におい)	냄새
☐	嗅ぐ(かぐ)	냄새를 맡다
☐	卓球(たっきゅう)	탁구
☐	忘れる(わすれる)	잊다
☐	いよいよ	드디어
☐	授業(じゅぎょう)	수업
☐	田舎(いなか)	시골
☐	だんだん	차차, 점점
☐	砂(すな)	모래
☐	染み込む(しみこむ)	스며들다
☐	遅刻(ちこく)	지각

표현학습

1 동사의 긍정표현(정중) 「～ました」 🔊 ─────────○

A: 木村(きむら)さん、昨日(きのう)どこかへ出(で)かけましたか。
기무라씨, 어제 어딘가에 외출하셨습니까?

B: ええ、ちょっとデパートへ行(い)きました。
예, 백화점에 갔습니다.

A: デパートで何(なに)をしましたか。
백화점에서 무엇을 했습니까?

B: 帽子(ぼうし)を買(か)いました。
모자를 샀습니다.

2 동사의 부정표현(정중) 「～ませんでした」 🔊 ─────────○

A: 昨日(きのう)、先輩(せんぱい)の結婚式(けっこんしき)に
行(い)きましたか。
어제, 선배 결혼식에 갔습니까?

B: はい、行(い)きました。
예, 갔습니다.

A: 写真(しゃしん)も撮(と)りましたか。
사진도 찍었습니까?

B: いいえ、写真(しゃしん)は撮(と)りませんでした。
아니요, 사진은 찍지 않았습니다.

어구학습

1 의문사+か

○ 「의문사+か」는 "구체적인 내용을 질문하는 것"이 아니라 "존재 여부만을 질문하는 것"이다.

○ 「의문사+か」의 질문에 대답은 「はい」또는 「いいえ」로 대답한다.

○ 「何(なに)か」(뭔가), 「どこか」(어딘가), 「誰(だれ)か」(누군가)의 형태가 있다.

> A: 机(つくえ)の上(うえ)に何(なに)かありますか。
>
> 책상 위에 뭔가 있습니까?
>
> B: はい、あります。
>
> 예, 있습니다.

> A: 昨日(きのう)、どこか〜行(い)きましたか。
>
> 어제, 어딘가에 갔습니까?
>
> B: はい、友達(ともだち)の家(うち)〜行(い)きました。
>
> 예, 친구 집에 갔습니다.

> A: 誰(だれ)かいますか。
>
> 누군가 있습니까?
>
> B: いいえ、誰(だれ)もいません。
>
> 아니요, 아무도 없습니다.

2 写真(しゃしん)を撮(と)る

○ "사진을 찍다"라고 할 때의 「とる」는 한자로 「撮」를 쓴다.

○ [찍다]에 해당되는 단어가 「とる」라고 하는 부분에도 주의를 요한다.

1 동사문의 긍정표현(정중)

○ 동사의 원형에「ます」를 붙일 때와 마찬가지로 동사원형을 연용형으로 고친 상태에「～ました」를 붙여서 정중한 동사의 긍정표현을 만든다.
○ 한국어로는 [~았/었습니다]로 해석된다.

(1) う동사

飲(の)む → 飲(の)み＋ました ＝ 飲(の)みました 마셨습니다

走(はし)る → 走(はし)り＋ました ＝ 走(はし)りました 달렸습니다

(2) る동사

起(お)きる → 起(お)き＋ました ＝ 起(お)きました 일어났습니다

食(た)べる → 食(た)べ＋ました ＝ 食(た)べました 먹었습니다

(3) 불규칙 동사

来(く)る → 来(き)＋ました ＝ 来(き)ました 왔습니다

する → し＋ました ＝ しました 했습니다

2 동사문의 부정표현(정중)

○ 동사의 원형에「ます」를 붙일 때와 마찬가지로 동사원형을 연용형으로 고친 상태에「～ませんでした」를 붙여서 정중한 동사의 부정표현을 만든다.
○ 한국어로는 [~지 않았습니다]로 해석된다.

(1) う동사

  飲(の)む → 飲(の)み+ませんでした = 飲(の)みませんでした
                                                          마시지 않았습니다.

  走(はし)る → 走(はし)り+ませんでした = 走(はし)りませんでした
                                                          달리지 않았습니다.

(2) る동사

  起(お)きる → 起(お)き+ませんでした = 起(お)きませんでした
                                                          일어나지 않았습니다.

  食(た)べる → 食(た)べ+ませんでした = 食(た)べませんでした
                                                          먹지 않았습니다.

(3) 불규칙 동사

  来(く)る → 来(き)+ませんでした = 来(き)ませんでした 오지 않았습니다.

  する → し+ませんでした = しませんでした 하지 않았습니다.

(1)

A：

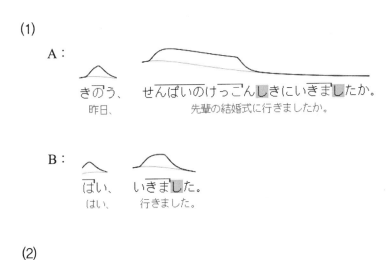

きのう、　せんぱいのけっこんしきにいきましたか。
昨日、　　　　　　先輩の結婚式に行きましたか。

B：

ぱい、　いきました。
はい、　行きました。

(2)

A：

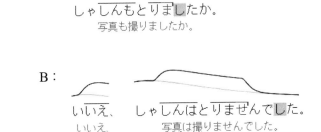

しゃしんもとりましたか。
写真も撮りましたか。

B：

いいえ、　しゃしんはとりませんでした。
いいえ、　写真は撮りませんでした。

■ 다음의 문장을 들으면서 바로 따라서 발음하시오. 최소한 5번씩은 반복연습 하시오.

(1) 동사문의 긍정표현(정중) 「~ました」

A: 木村(きむら)さん、昨日(きのう)どこかへ出(で)かけましたか。
기무라씨, 어제 어딘가에 외출하셨습니까?

B: ええ、ちょっとデパートへ行(い)きました。
예, 백화점에 갔습니다.

A: デパートで何(なに)をしましたか。
백화점에서 무엇을 했습니까?

B: 帽子(ぼうし)を買(か)いました。
모자를 샀습니다.

(2) 동사문의 부정표현(정중) 「~ませんでした」

A: 昨日(きのう)、先輩(せんぱい)の結婚式(けっこんしき)に
行(い)きましたか。
어제, 선배 결혼식에 갔습니까?

B: はい、行(い)きました。
예, 갔습니다.

A: 写真(しゃしん)も撮(と)りましたか。
사진도 찍었습니까?

B: いいえ、写真(しゃしん)は撮(と)りませんでした。
아니요, 찍지 않았습니다.

(1) 한어수사 + 杯(はい) : ~잔 [잔 수를 셀 때]

☐ 한 잔　　　　　　　　　いっぱい (1杯)

☐ 두 잔　　　　　　　　　にはい (2杯)

☐ 세 잔　　　　　　　　　さんばい (3杯)

☐ 네 잔　　　　　　　　　よんはい (4杯)

☐ 다섯 잔　　　　　　　　ごはい (5杯)

☐ 여섯 잔　　　　　　　　ろっぱい (6杯)

☐ 일곱 잔　　　　　　　　ななはい (7杯)

☐ 여덟 잔　　　　　　　　はっぱい (8杯)

☐ 아홉 잔　　　　　　　　きゅうはい (9杯)

☐ 열 잔　　　　　　　　　じゅっぱい・じっぱい (10杯)

☐ 열한 잔　　　　　　　　じゅういっぱい (11杯)

☐ 열두 잔　　　　　　　　じゅうにはい (12杯)

☐ 열세 잔　　　　　　　　じゅうさんばい (13杯)

☐ 열네 잔　　　　　　　　じゅうよんはい (14杯)

☐ 열다섯 잔　　　　　　　じゅうごはい (15杯)

☐ 열여섯 잔　　　　　　　じゅうろっぱい (16杯)

☐ 열일곱 잔　　　　　　　じゅうななはい (17杯)

☐ 열여덟 잔　　　　　　　じゅうはっぱい (18杯)

☐ 열아홉 잔　　　　　　　じゅうきゅうはい (19杯)

☐ 스무 잔　　　　　　　　にじゅっぱい・にじっぱい (20杯)

⋮

☐ 몇 잔   なんばい(何杯)

(2) 고유어(한어)수사＋箱(はこ)：～상자(상자의 수를 셀 때)

☐ 한 상자   ひとはこ(1箱)

☐ 두 상자   ふたはこ(2箱)

☐ 세 상자   みはこ・さんぱこ(3箱)

☐ 네 상자   よんはこ・よはこ(4箱)

☐ 다섯 상자   ごはこ(5箱)

☐ 여섯 상자   ろっぱこ(6箱)

☐ 일곱 상자   ななはこ(7箱)

☐ 여덟 상자   はっぱこ(8箱)

☐ 아홉 상자   きゅうはこ(9箱)

☐ 열 상자   じゅっぱこ・じっぱこ(10箱)

⋮

☐ 몇 상자   なんばこ(何箱)

연습문제

(1) 한글해석을 보면서 빈 칸에 한자가나혼용체로 문장을 입력해 보세요. 단 외래어는 가타카나로 입력하세요.

① 냄새를 맡았습니다.

⇨ _____

② 텔레비전을 보았습니다.

⇨ _____

③ 함께 탁구를 쳤습니다.

⇨ _____

④ 아직 약은 먹지 않았습니다.

⇨ _____

⑤ 그 날의 일은 잊지 않았습니다.

⇨ _____

(2) 다음을 히라가나로 표기하여 작문하시오. 단 외래어는 가타카나로 쓰세요.

① 드디어 수업이 시작되었습니다.

⇨ _____

② 시골에서 어머니가 왔습니다.

⇨ _____

③ 점점 모래에 물이 스며들었습니다.

⇨ _____

④ 어렸을 무렵부터 지각은 하지 않았습니다.

⇨ _____

⑤ 사토 씨는 별로 책을 읽지 않았습니다.

⇨ _____

제13과

동사문 Ⅳ(〜ない、〜なかった、〜たい)

학습내용

▌ 동사문의 현재부정표현(보통)「〜ない」

▌ 동사문의 과거부정표현(보통)「〜なかった」

▌ 동사문의 희망표현(보통)「〜たい」

▌ 프레이징을 이용한 발음연습

▌ 섀도잉 연습

☐ なぜ	왜(의문사)
☐ 調子(ちょうし)	곡조, 상태
☐ 野菜(やさい)	야채
☐ スパゲッティ	스파게티
☐ 言いづらい(いいづらい)	말하기 어렵다
☐ 読みづらい(よみづらい)	읽기 어렵다
☐ 書きづらい(かきづらい)	쓰기 어렵다
☐ 合わせる(あわせる)	맞추다
☐ 哲学(てつがく)	철학
☐ 風呂(ふろ)	목욕탕
☐ 夏休み(なつやすみ)	여름방학
☐ ほしがる	(제 삼자가)갖고 싶어하다
☐ なかなか	좀처럼
☐ 田舎(いなか)	시골, 고향
☐ 当時(とうじ)	당시
☐ 誰も(だれも)	누구나
☐ うちの子(うちのこ)	우리집 아이
☐ 歯(は)	이
☐ 生える(はえる)	나다, 생겨나다

표현학습

① 동사문의 현재부정표현(보통)「〜ない」🔊 ─────────○

A: 野口君(のぐちくん)、今日(きょう)も学校(がっこう)へ行(い)くの。
노구치 군, 오늘도 학교에 가니?

B: いや、行(い)かないよ。
아니, 안 가.

A: 一緒(いっしょ)にご飯(はん)食(た)べない。
같이 밥 먹을래?

B: うん、食(た)べよう。
응, 먹자.

② 동사문의 과거부정표현(보통)「〜なかった」🔊 ─────────○

A: 鈴木君(すずきくん)、昨日(きのう)のパーティーになぜ来(こ)なかったの。
스즈키 군, 어제 파티에 왜 안 왔니?

B: うん、ちょっと体(からだ)の調子(ちょうし)が悪(わる)くてね。
응, 좀 몸 상태가 안 좋아서.

A: ね、なぜ先生(せんせい)に聞(き)かなかったの。
있잖아, 왜 선생님한테 안 물었니?

B: それが、ちょっと言(い)いづらくてね。
그게, 좀 말하기 어려워서.

③ 동사문의 희망표현(보통) 「〜たい」 🔊 ────────────────○

A: 何(なに)が食(た)べたいの。
뭐 먹고 싶니?

B: スパゲッティ。
스파게티.

A: うちの子(こ)、野菜(やさい)を食(た)べたがらないの。
우리집 아이, 야채를 먹으려고 하지 않아.

B: 最近(さいきん)の子(こ)はみんなそうですよ。
요새 아이는 모두 그래요.

어구학습

① 調子(ちょうし)

○ "곡조, 상태, 기색, 요령, 격조, 표현, 어세, (하는)결"등으로 해석되며 「体(からだ)の調子(ちょうし)」의 경우는 [상태]를 나타낸다.

○ 다양한 관용표현이 존재한다.

> 調子(ちょうし)に乗(の)る。
> 일이 순조롭게 진행되다. 우쭐해 지다.
> 調子(ちょうし)を合(あ)わせる。
> 장단을 맞추다. 기계의 움직임을 조정하다. 맞장구 치다.
> 調子(ちょうし)を取(と)る。
> 가락을 맞추다. 사물을 적절히 보전하다.

② ～づらい

○ 動詞의 連用形(ます形)에 붙어서 "~하기가 어렵다", "~견디기 어렵다"의 뜻을 나타내며 접미어처럼 쓰인다.

> 読(よ)み＋づらい　읽기 어렵다
> 言(い)い＋づらい　말하기 어렵다
> 書(か)き＋づらい　쓰기 힘들다

① 동사문의 현재부정표현(보통) 「~ない」

- う동사의 경우는 동사 원형 어미부분의 모음 [u]를 [a]로 바꾸고 뒤에 ない를 붙인다.
  단, 동사원형의 어미가 「言う」와 같이 「う」로 끝난 경우는 어미부분의 모음 [u]를 [wa]로 바꾸고 뒤에 ない를 붙인다.
- る동사의 경우 동사 원형 어미부분 「る」를 떼고 뒤에 ない를 붙인다.
- 불규칙 동사 「来(く)る」는 뒤의 「る」를 떼고 「く」의 모음 [u]를 [o]로 바꾸어 「こ」로 한 뒤에 ない를 붙인다.
- 불규칙 동사 「する」는 「る」를 떼고 「す」의 모음 [u]를 [i]로 바꾸어 「し」로 한 뒤에 ない를 붙인다.
- 한국어로는 보통의 현재부정표현으로 [~지 않는다] 또는 [안~ㄴ/는다]로 해석된다.

読(よ)む → 読(よ)ま＋ない ＝ 読(よ)まない 읽지 않는다/안 읽는다

起(お)きる → 起(お)き＋ない ＝ 起(お)きない 일어나지 않는다/안 일어난다

食(た)べる → 食(た)べ＋ない ＝ 食(た)べない 먹지 않는다/안 먹는다

来(く)る → 来(こ)＋ない ＝ 来(こ)ない 오지 않는다/안 온다

する → し＋ない ＝ しない 하지 않는다/안 한다

② 동사문의 과거부정표현(보통) 「~なかった」

- う동사의 경우는 동사 원형 어미부분의 모음 [u]를 [a]로 바꾸고 뒤에 なかった를 붙인다.
  단, 동사원형의 어미가 「言う」와 같이 「う」로 끝난 경우는 어미부분의 모음 [u]를 [wa]로 바꾸고 뒤에 なかった를 붙인다.
- る동사의 경우 동사 원형 어미부분 「る」를 떼고 뒤에 なかった를 붙인다.
- 불규칙 동사 「来(く)る」는 뒤의 「る」를 떼고 「く」의 모음 [u]를 [o]로 바꾸어 「こ」로 한 뒤에

なかった를 붙인다.

○ 불규칙 동사 「する」는 「る」를 떼고 「す」의 모음 [u]를 [i]로 바꾸어 「し」로 한 뒤에 なかった를 붙인다.

○ 한국어로는 보통의 현재부정표현으로 [~지 않았다] 또는 [안~았/었다]로 해석된다.

読(よ)む　→　読(よ)ま＋なかった　＝　読(よ)まない　읽지 않았다/안 읽었다

起(お)きる　→　起(お)き＋なかった　＝　起(お)きない　일어나지 않았다/
안 일어났다

食(た)べる　→　食(た)べ＋なかった　＝　食(た)べない　먹지 않았다/안 먹었다

来(く)る　→　来(こ)＋なかった　＝　来(こ)ない　오지 않았다/안 왔다

する　→　し＋なかった　＝　しなかった　하지 않았다/안 했다

③ 동사문의 희망표현(보통) 「～たい」

○ 일반적으로 자신이 [~을 하고 싶다]고 하는 표현을 할 때는 동사 기본형을 連用形(ます形)으로 고친 뒤에 [たい]를 붙인다.

○ 목적격을 나타내는 조사가 「が」로 쓰일 경우가 많다.

読(よ)む　→　読(よ)み＋たい　＝　読(よ)みたい　읽고 싶다

起(お)きる　→　起(お)き＋たい　＝　起(お)きたい　일어나고 싶다

食(た)べる　→　食(た)べ＋たい　＝　食(た)べない　먹고 싶다

来(く)る　→　来(き)＋たい　＝　来(き)たい　오고 싶다

する　→　し＋たい　＝　したい　하고 싶다

私(わたし)は面白(おもしろ)い本(ほん)が読(よ)みたい。
나는 재미있는 책을 읽고 싶다.

辛(から)いラーメンが食(た)べたい。
매운 라면을 먹고 싶다.

午後(ごご)は友達(ともだち)とテニスがしたい。
오후에는 친구와 테니스를 치고 싶다.

○ 제삼자가 [~을 하고 싶어한다]의 표현을 할 때는 동사 기본형을 連用形(ます形)으로 고친 뒤에 [たがる]를 붙인다.

○ 목적격 조사로 반드시 「を」를 사용한다.

読(よ)む → 読(よ)み＋たがる ＝ 読(よ)みたがる　읽고 싶어한다

起(お)きる → 起(お)き＋たがる ＝ 起(お)きたがる　일어나고 싶어한다

食(た)べる → 食(た)べ＋たがる ＝ 食(た)べたがる　먹고 싶어한다

来(く)る → 来(き)＋たがる ＝ 来(き)たがる　오고 싶어한다

する → し＋たがる ＝ したがる　하고 싶어한다

佐藤君(さとうくん)は哲学(てつがく)の本(ほん)を読(よ)みたがる。
사토군은 철학 책을 읽고 싶어한다.

母(はは)は甘(あま)いものを食(た)べたがる。
어머니는 단 것을 먹고 싶어 한다.

妹(いもうと)は毎日(まいにち)運動(うんどう)をしたがる。
여동생은 매일 운동을 하고 싶어 한다.

○ 「名詞＋ほしい」의 형태로도 [~을 갖고 싶다], [~을 원한다]의 의미를 나타낼 수 있으며 이 때는 일반적으로 자신의 희망을 나타낸다.

カメラがほしい。
카메라를 갖고 싶다.

水(みず)がほしい。
물을 원한다.

○ 제삼자의 희망은 「名詞＋ほしがる」의 형태로 [~을 갖고 싶어 한다], [~을 원한다]의 의미가 된다.

弟(おとうと)はカメラをほしがる。
남동생은 카메라를 갖고 싶어한다.

渡辺君(わたなべくん)は水(みず)をほしがる。
와타나베군은 물을 원한다.

(1)

A:

いっしょにごはんたべない。
一緒にご飯食べない。

B:

うん、　たべよう。
うん、　食べよう。

(2)

A:

すずきくん、　きのうのパーティーになぜこなかったの。
鈴木君、　昨日のパーティーになぜ来なかったの。

B:

うん、　ちょっとからだのちょうしがわるくてね。
うん、　ちょっと体の調子が悪くてね。

(3)

A:

なにがたべたいの。
なにが食べたいの。

B:

スパゲッティ。
スパゲッティ。

■ 다음의 문장을 들으면서 바로 따라서 발음하시오. 최소한 5번씩은 반복연습 하시오.

(1) 동사문의 현재부정표현(보통)「~ない」

A: 野口君(のぐちくん)、今日(きょう)も学校(がっこう)へ行(い)くの。
노구치군, 오늘도 학교에 가니?

B: いや、行(い)かないよ。
아니, 안 가.

A: 一緒(いっしょ)にご飯(はん)食(た)べない。
같이 밥 먹을래?

B: うん、食(た)べよう。
응, 먹자.

(2) 동사문의 과거부정표현(보통)「~なかった」

A: 鈴木君(すずきくん)、昨日(きのう)のパーティーになぜ来(こ)なかったの。
스즈키군, 어제 파티에 왜 안 왔니?

B: うん、ちょっと体(からだ)の調子(ちょうし)が悪(わる)くてね。
응, 좀 몸상태가 안 좋아서.

A: ね、なぜ先生(せんせい)に聞(き)かなかったの。
있잖아, 왜 선생님한테 안 물었니?

B: それが、ちょっと言(い)いづらくてね。
그게, 좀 말하기 어려워서.

(3) 동사문의 희망표현(보통)「~たい」

A: 何(なに)が食(た)べたいの。
뭐 먹고 싶니?

B: スパゲッティ。
스파게티.

A: うちの子(こ)、野菜(やさい)を食(た)べたがらないの。

우리집 아이, 야채를 먹으려고 하지 않아.

B: 最近(さいきん)の子(こ)はみんなそうですよ。

요새 아이는 모두 그래요.

(1) 고유어(한어)수사＋桁(けた) : ～자리수 [숫자의 자리수를 셀 때]

- ☐ 한 자리수   ひとけた(1桁)
- ☐ 두 자리수   ふたけた(2桁)
- ☐ 세 자리수   みけた・さんけた(3桁)
- ☐ 네 자리수   よんけた・よけた(4桁)
- ☐ 다섯 자리수   ごけた(5桁)
- ☐ 여섯 자리수   ろっけた(6桁)
- ☐ 일곱 자리수   ななけた(7桁)
- ☐ 여덟 자리수   はちけた(8桁)
- ☐ 아홉 자리수   きゅうけた(9桁)
- ☐ 열 자리수   じゅっけた・じっけた(10桁)

                        ⋮

- ☐ 몇 자리수   なんけた(何桁)

(2) 고유어(한어)수사＋坪(つぼ) : ～평 [정해진 넓이를 셀 때]

- ☐ 한 평   ひとつぼ(1坪)
- ☐ 두 평   ふたつぼ(2坪)
- ☐ 세 평   みつぼ・さんつぼ(3坪)
- ☐ 네 평   よんつぼ・よつぼ(4坪)
- ☐ 다섯 평   ごつぼ(5坪)
- ☐ 여섯 평   ろくつぼ(6坪)
- ☐ 일곱 평   ななつぼ(7坪)

□ 여덟 평	はっつぼ(8坪)
□ 아홉 평	きゅうつぼ(9坪)
□ 열 평	じゅっつぼ・じっつぼ(10坪)
⋮	
□ 몇 평	なんつぼ(何坪)

연습문제

(1) 한글해석을 보면서 빈 칸에 한자가나혼용체로 문장을 입력해 보세요. 단 외래어는 가타카나로 입력하세요.

① 요즈음 별로 편지를 쓰지 않는다.

⇨ _____

② 오늘 그는 목욕을 하지 않았다.

⇨ _____

③ 여름방학 때 오사카에 가고 싶다.

⇨ _____

④ 다나카군은 비싼 카메라를 사고 싶어한다.

⇨ _____

⑤ 여동생은 시골의 아버지를 만나고 싶어하지 않았다.

⇨ _____

(2) 다음을 히라가나로 표기하여 작문하시오. 단 외래어는 가타카나로 쓰세요.

① 우리 집 아이는 아직 이가 나지 않는다.

⇨ _____

② 나도 피아노를 치고 싶다.

⇨ _____

③ 당시 어머니는 아버지와 함께는 있지 않았다.

⇨ _____

④ 다나카 선생님은 학생들을 가르치고 싶어한다.

⇨ _____

⑤ 누구나가 첫 번째가 되고 싶어한다.

⇨ _____

연습문제 해답

제1과

(1) ③
(2) ①
(3) ④
(4) ③
(5) ②
(6) ③
(7) ④
(8) ④
(9) まみむめも
(10) あかさたなはまやらわ

제2과

(1) ④
(2) ①
(3) ②
(4) ③
(5) ①
(6) ③
(7) ④
(8) ④
(9) ③
(10) ②

제3과

(1) ① nomurasann
　　② kaisya
　　③ banana
　　④ nyu-su
　　⑤ kixtupu
　　⑥ sinnnenn
　　⑦ dexyuextuto

⑧ vuxi-nasu
⑨ kuxesutyonn
⑩ watasiha kaisyainndesu

제4과

(1) ① 記者です。
　　　記者ではありません。
　　② デザイナーです。
　　　デザイナーではありません。
　　③ 韓国人です。
　　　韓国人ではありません。
　　④ 彼女は看護師ですか。
　　⑤ あなたは公務員ですか。
(2) ① しょうがくせいです。
　　② スチュワーデスです。
　　③ はいゆうではありません。
　　④ ドイツじんです。
　　⑤ わたなべさんはがくしゃですか

제5과

(1) ① A: これは何ですか。
　　　B: これはテレビです。
　　② A: それは何の雑誌ですか。
　　　B: これは映画の雑誌です。
　　③ A: これは何ですか。
　　　B: それは辞書です。
　　④ A: あれは何の建物ですか。
　　　B: あれは銀行です。
　　⑤ A: これは誰の本ですか
　　　B: これは私のです
(2) ① A: あそこはどこですか
　　　B: あそこはゆうびんきょくです

② A: トイレはどこですか
　　B: あそこです
③ A: あれはだれのかばんですか
　　B: あれはわたなべさんのです
④ A: ぎんこうはどこですか
　　B: あのたてもののうしろです
⑤ A: トイレはどこですか
　　B: あのたてもののなかです

제6과

(1) ① A: これを五つください。
　　　B: はい、分かりました。
② A: これはいくらですか。
　　B: 一万二千円です。
③ A: 子供服売り場は何階ですか。
　　B: 六階です。
④ A: いま何時ですか。
　　B: 九時四十五分です。
⑤ A: ご自宅の電話番号は何番ですか。
　　B: ぜろににいちななさんのさんにきゅ
　　　うろく番です。
(2) ① A: つくえのしたになにがいますか
　　　B: いぬがいっぴきいます
② A: しゃいんはなんにんいますか
　　B: ごにんいます
③ A: いすのうえになにがありますか
　　B: ノートとえんぴつがあります
④ A: みかんむっつください。
　　B: はい、わかりました。
⑤ A: このとけいいくらですか。
　　B: ごまんさんぜんえんです。

제7과

(1) ① 広い部屋
② 猫が小さい。
③ 象は大きいです。
④ 寒くない冬です。
⑤ これは易しくない。
(2) ① このひもはながいです。
② このいぬははやい。

③ たのしくないゲームです。
④ このとうがらしはからくありません。
⑤ このへやをあかるくしてください。

제8과

(1) ① 有名な人。
② これは操作が簡単だ。
③ 森田さんは映画が好きです。
④ この靴は丈夫ではない。
⑤ ここは賑やかではありません。
(2) ① このえきはふべんだ。
② あのひとはゆうめいなおんがくかです。
③ しんせつではないてんいんもいる。
④ かないはりょうりがじょうずだ。
⑤ あのがくせいはにほんごがじょうずでは
　　ありません。

제9과

(1) ① 昨年の春は暖かかった。
② 今年の冬は寒くなかった。
③ 火事がおきてまわりが騒がしかったです
④ この調査報告はでたらめだった
⑤ 私は派手で鮮やかな色が好きです
(2) ① かれはせいかくがじみだった。
② そのもんだいはあまりじゅうようではあ
　　りませんでした。
③ かれはやさしくてたくましい。
④ きむらさんはあしがながくてはやいです
⑤ ここはえきがちかくてべんりです

제10과

(1) ① 本を買います。
② 服を着ます。
③ 今日はとんかつを食べます。
④ 毎日一生懸命勉強をします。
⑤ 田舎から母が来ます。
(2) ① しゅうまつにはえいがをみます。
② いくらうんどうしてもたいじゅうがへり
　　ません。
③ いまあいにいきます。
④ さけをのみにいきます。

⑤ ともだちにあいにバスていにいきます

제11과
(1) ① 明日帰りましょう。
② 荷物を載せましょう。
③ いい本をたくさん読みましょう。
④ 健康のために毎朝走りましょう。
⑤ 今週の土曜日にゴルフをしよう。
(2) ① しゅうまつにいっしょにえいがをみましょう。
② くるまのうえにカバンをのせよう。
③ きょうしつのなかをはやくかたづけよう。
④ おそくてもしちじにはバスにのろうとおもいます。
⑤ きょうはかのじょとデートをしようとおもう。

제12과
(1) ① 匂いを嗅ぎました。
② テレビを見ました。
③ 一緒に卓球をしました
④ まだ薬は飲みませんでした。
⑤ あの日のことは忘れませんでした。
(2) ① いよいよじゅぎょうがはじまりました。
② いなかからははがきました。
③ だんだんすなにみずがしみこみました。
④ こどものころからちこくはしませんでした。
⑤ さとうさんはあまりほんをよみませんでした。

제13과
(1) ① このごろあまり手紙を書かない。
② 今日彼は風呂に入らなかった。
③ 夏休みの時、大阪へ行きたい。
④ 田中君は高いカメラを買いたがる。
⑤ 妹は田舎の父に会いたがらなかった。
(2) ① うちのこはまだはがはえない。

② わたしもピアノがひきたい。
③ とうじははちちといっしょにはいなかった。
④ たなかせんせいはがくせいたちをおしえたがる。
⑤ だれもがいちばんになりたがる。

저자

▌정 현 혁(鄭炫赫)

1993년 한국외국어대학교 일본어과 졸업
1995년 한국외국어대학교대학원 일어일문학과 졸업(문학석사)
2007년 와세다(早稲田)대학 대학원 문학연구과 졸업(문학박사)

현재 사이버한국외국어대학교 일본어학부 교수
　　　일본어학(일본어사) 전공

저서
『미디어일본어』(2017) 제이앤씨
『일본어발음연습』(2022) 제이앤씨
『일본어 한자기초1026』(2023) 제이앤씨
『개설일본어』(2023) 지식과교양
『新明解 일본어악센트사전 일본어악센트 습득법칙』(역, 2020) 제이앤씨 등 다수

논문
「キリシタン版国字本の文字・表記に関する研究」
「韓国人日本語学習者のための効果的な漢字学習」
「16세기 키리시탄판 국자본 종교서의 표기」
「吉利支丹心得書の仮名遣い―和語を中心に―」
「キリシタン版『ひですの経』の仮名の用字法」 등 다수

감수

▌酒井真弓(SAKAI MAYUMI 사카이마유미)

東京女子大学文理学部 卒業
한국외국어대학교 (석사박사)졸업
현 덕성여자대학교 일어일문과 초빙교수

저서
『韓国語話者の日本語音声考』(2007) 제이앤씨
『Open 日本語』(2011) 일본어뱅크

개정판

뉴 스마트 일본어

개정판 인쇄   2024년 03월 01일
개정판 발행   2024년 03월 05일

저   자   정현혁
감   수   사카이마유미
발 행 인   윤석현
발 행 처   제이앤씨
책 임 편 집   최인노
등 록 번 호   제7-220호

우 편 주 소   서울시 도봉구 우이천로 353
대 표 전 화   02) 992 / 3253
전   송   02) 991 / 1285
전 자 우 편   jncbook@hanmail.net

ⓒ 정현혁 2024 Printed in KOREA.

ISBN 979-11-5917-244-1   13730   정가 21,000원